蘇東坡的人生哲學

——曠達人生

《中國人生叢書》前言

中國聖賢是一個神聖的群體。他們是思想智慧的化身，道德行為的典範，進取成功的象徵。他們或者以自己的思想學說影響歷史，併構成民族性格與靈魂；或者他們本身即親身創造歷史，留下光照千秋的業績。

但歲月流轉，時代阻隔，語言亦發生文句變化。更不用說人生代代無窮已，歷來學問家詮釋演繹聖賢學說，形成衆多門戶相左的學派，同時又相應神化聖賢事跡。於是，聖賢便高居雲端，使常人可望不可及，只能奉為神明，頂禮膜拜。

然而，消除阻隔，融匯古今，無論學問思想，或者智勇功業，如此二者常常並不是分離的，且必然是人生的，為社會人生而存在的。這就是聖賢學說、智略、勇氣、運籌、奔走、苦鬥、成功的經驗、失敗的教訓、乃至道德文章、行為風範，也體現為一種切實的人生。因為聖者賢者也是人。

這是一種存在，無須多說甚麼。但存在對每一個人並不意味著親切，也不意味著自覺。我想聖賢人生與我們這些凡夫俗子的人生加以聯繫。聖賢本是一個凡夫俗子，經許多努力，經許多造就，才成其為聖者賢者的嗎？

當然還有一個重要方面，時世使然矣，這就是歷經漫漫千年的中古時代，又歷經憂患求索的百年近代，世界文化已在衝擊中國人的生存。該如何確立中國人的人生路，我總認為莫如了解中國聖賢人生，莫如將我們平凡的人生從聖賢人生與學說找到佐證，找到圭臬。所謂古人不見今時月，今月曾經照古人。正是由此理解，由此思忖，我嘗試編寫了《莊子的人生哲學》，問世以來即引起讀者的關注與歡迎。並且成為我組織一套《中國人生叢書》的直接引線。

我大致想好了，依然如《莊子的人生哲學》一樣，書寫聖賢人物。我還不揣簡陋，以我的《莊子的人生哲學》為範本，用一種隨筆的文體與筆調，古今結合，史論結合，聖賢人生與凡生結合，我還要求每一位作者對他所寫的聖賢人物，結合自己的人生閱歷對聖賢寫出獨特的人生體驗。我請了我的多位具卓越才識的朋友，他們都極熱心地加盟這套書的寫作，並至順利完成。

現在書將出版了，我需感謝我的朋友們，感謝出版社，希望更多的讀者喜歡他。

揚帆

一九九四年六月八日

目錄

智慧篇

話說蘇東坡

坎坷人生路

蘇東坡，名蘇軾，字子瞻，東坡居士是他的雅號。後人也有尊稱他蘇子的。他生於公元一〇三六年（宋仁宗景祐三年）。家鄉眉山在天府之國四川，岷江南北縱貫，峨嵋在它的西南面。這裡美麗而富饒。東坡於公元一一〇一年（建中靖國元年）逝世。二十五年後，北宋滅亡。蘇東坡在世的半個多世紀，正是北宋積貧積弱、逐漸衰微的時期，也是朋黨之爭此起彼伏的年代。

東坡一生有過坦途順境、榮耀和顯赫，有過短暫的輝煌；但縱觀他幾十年的人生道路，卻是風風雨雨，坎坎坷坷。荊棘遠多於鮮花，磨難遠超過安適。

與弟弟蘇轍一同進士及第時，東坡才二十二歲，可說是少年得志、十分幸運的了。蘇東坡一生在官場宦海中沈浮。他當過太守、翰林學士、禮部尚書之類的官，這些官階都還不低。宋朝沒有一品官，宰相才是二品，而東坡當到了三品。

然而，正像東坡自己說的「人有悲歡離合，月有陰晴圓缺」，他的仕途上總是悲多歡少，陰多晴少。

東坡有抱負，有主見，絕不肯隨意附和別人。他認為是對的，就一定堅持；認為不對的，必然反對，而且從不隱瞞自己的觀點，仗義直言，很有點撞倒南牆不回頭的味道。這是東坡的可愛之處，也是他老是吃虧的原因。

王安石當權時，東坡是很有可能平步青雲的，但他沒有。按常情說，王蘇二人都是出入於歐陽修門下，安石也很看重蘇東坡，倘若這時東坡稍稍隨和一點，是可以飛黃騰達的。退一步來講，東坡即使不贊成王安石的變法措施，只要保持沈默，也可自保平安。

但是他不這樣。東坡說：「流而不返者，水也。不以時遷者，松柏也。」於是，他固持自己深思熟慮的見解，不避利害，不計得失，一而再，再而三地上書批評新法。他自然不容於改革派。

司馬光上台後，又用力打擊變法派的活動，將王安石推行的改革措施一律廢除。舊黨當政，自然極力拉攏反對過新法的東坡；此時，東坡如果能依附司馬光，可說是前程似錦。但他對舊黨不顧實際、只求以盡廢新法為快事的做法提出反對意見。可想而知，舊黨的營壘裡也沒有了他的席位。

正是這種堅持己見、不隨波逐流的人格個性，使東坡飽經憂患和磨難。也正是這種獨立不改的人格精神，成就了東坡的崇高和不朽。

東坡一生三次遭貶。

第一次是發落在黃州，即今天的湖北黃州市。

第二次貶到嶺南的廣東惠州。

最後一次是他六十二歲時，由惠州貶所再遠貶到海南島的儋州。海南那時遠不是今天的黃金寶地，當時被看做是蠻荒瘴炎之地，死囚流放之所。東坡說這裡的生活是「食無肉，病無藥，居無室，出無友，冬無炭，夏無寒泉」（《與程秀才書》）。

他在這蠻荒難苦的「西伯利亞」生活了三年之久。後遇赦北回，不久便病逝了。

多才多藝

與坎坷的仕宦之路比起來，蘇東坡的藝術之路要順暢得多，輝煌得多。國家不幸詩家幸，生活不幸文章幸。這大概是人世間的一種獨特的二律背反：生活的坎坷往往造就文章，政壇生涯的暗淡又常常伴隨著藝術生涯的輝煌。

蘇東坡正是如此。

在中國古代的藝術王國中，蘇東坡是一位非常少見的、傑出的全能文學家、藝術家。他多才多藝，在文學藝術的好幾個領域都有很高的建樹與成就。

作爲大詩人的蘇東坡，今天可以說是家喻戶曉、人人皆知了。大學、中學的國文課本裡都收有他的詩詞名篇。人們隨時隨地都會想起的一些詩句。

到杭州西湖遊玩，我們會記起東坡把美麗的西湖比作西子姑娘的絕妙比喻。在湖中划划小船兒，細細品味一下「若把西湖比西子，濃妝淡抹總相宜」的佳句，也是一種享受。

上過廬山的人或沒上過廬山的人，差不多都記得東坡先生的兩句詩：「不識廬山眞面目，只緣身在此山中。」廬山是這樣，大自然是這樣，人生、世事何嘗不是難識「眞面目」嗎?從這些淡而有味的詩句中，我們總可以品出一些生活的哲理。

月圓月缺，年年中秋。每逢這個佳節，總有人吟誦「明月幾時有，把酒問青天」。在東坡的這首中秋詞中，包含著多麼深的人生感慨和企盼：「但願人長久，千里共嬋娟！」

東坡的詩，有感而發，常有奇妙的比喻和對人生、對宇宙的眞知灼見，理趣橫生。

在詞方面，東坡是一個開拓者、改革家。在他之前，詞作爲一種文學形式，固定地被人們用來吟誦風花雪月，男歡女怨。詞的範圍侷限在深閨和詞人內心的狹小天地。

蘇東坡擴展了詞的表現疆域，在他筆下，沒有什麼思想不可以入詞，沒有什麼事情不可以入詞。他也寫男女戀情、離愁別緒，而且寫得眞切動人。他更寫社會、人世，歷史滄桑和現實感受都展現在筆下。和那些像十七、八歲女郎的婉約詞相比，他的這些豪放作品則像一個關西大漢。

東坡豪放詞的代表要數那首《念奴嬌·赤壁懷古》了。「大江東去，浪淘盡，千古風流人物」。在這氣勢豪邁的高歌中，包含了詩人無限興亡之感和宇宙永恆、人生短暫的慨嘆。

在散文創作方面，他的成就和影響很大。他是唐宋散文八大家之一，文風平易自然，流暢婉轉，就像行雲流水。政論、史論、傳記、遊記、隨筆、雜記他都寫，不僅數量多，而且文章好，影響大。尤其是一些小品、書信、隨感、篇幅短小，揮灑自如，坦露眞情，體悟生活的哲理，對人很有啓發。

不僅如此，東坡是一位大畫家、大書法家。他尤其喜歡畫古木叢竹，是我國文人畫的開創者之一。可惜今天已很難見到東坡畫的眞跡了。在書法上，東坡自成一家。他的特點是能多方面吸取前代書法家的長處，又能自出新意，有所創造。他的字被人稱爲「蘇體」。

東坡一生，詩人書畫，都達到了一般人難以企及的高度成就。他才氣過人、悟性過人，勤奮也超乎常人。這些都是他成功的原因。

當然，不平坦的人生經歷，更是他藝術上走向成熟和輝煌的推動力量。

西方人講「憤怒出詩人」。

中國古人講「不平則鳴」，「窮而後工」。

東坡去世那年，在一首詩中像是給自己一生作了一個總結。詩中寫道：

心似已灰之木，身如不繫之舟。問汝平生功業，黃州、惠州、儋州。

這三「州」，都是東坡被貶的地方。東坡把這兒處人生的苦難之地，作爲自己的「平生功業」，這是爲什麼呢？

中國古人講「三不朽」，就是立德、立功、立言。文學藝術可算在立言中間。而東坡的一些不朽之作，大都寫在被貶之地。

苦難使人成熟、深沈和達觀。

在戲劇中，悲劇總是比喜劇深刻。

曹丕說：人的壽命到一定時候就會終了，榮譽和享樂只限於自己一身，二者都只能到一定的時限，文章卻可以永遠流傳。

東坡正是與他的藝術作品一起，永遠流傳，永遠輝煌！

自然的人格理想

東坡有一段話談自己的作文之道。他說，我寫文章就像泉水從地下湧出，並不選擇什麼地方。在平地，泉水滔滔汩汩，一日行千里也不困難；若遇上山道、岩石，就隨它們變化形態和去向，曲曲折折地向前去，它到底怎麼發展，我也不能事先預知。但有一點我是清楚的，這就是文章總是要起於所當起的地方，停於不可不停的地方。文理自然，姿態富於變化。（《自評文》）

一句話，作文如行雲流水，順乎自然。

這是東坡的爲文之道，也是他的爲人之道。合乎本性，順其自然，不勉強，不造作，這就是東坡所推崇的生活準則。

如何達到這種自然的人生境界呢？

就說當官吧，這是古今不變的熱門話題。儒家講入世，講進取，講社會責任；道家則講出世，講退隱，講自適逍遙。對讀書人，前者主張去做官，兼濟天下；後者則堅決反對做官，希望獨善其身。看看東坡的態度。

東坡說：「讀書人不必當官，也不必不當官。」這好像有點模擬兩可，讓人無所適從。

東坡講了他的道理。一定要做官，心中只有官，就取消了自身的存在；一定不要做官，心中只有自己，就是忘了君主的存在。這就像吃飯，吃不吃要看是餓還是飽，如此而已。不做官的人安於現狀而不肯出仕；做官的人貪於利祿而忘記歸隱。於是就有了不奉養雙親、隔絕塵俗的譏笑；有了貪圖俸祿、苟且安逸的弊端。（《靈壁張氏園亭記》）可見，做官同作文也是一個理字：常行於所當行，常止於所不可不止。（《答謝民師書》）

人生在世，對外要順應天意，不要和老天過不去；對內要依歸本性，不要和自己過不去。

人們常說要「思而後行」。東坡對此也來了個正題反作。

沒有發言而思考，那麼思考達不到；已經發言而思考，那麼思考又落後追不上。其實，言語是從內心感發衝口而出的。有些話，說出來可能得罪人，悶在心裡自己又難受。我認為寧可得罪人，還是要把話講出來。

有道德的人喜愛善，就像喜歡美麗的容貌；討厭不善，猶如討厭不好的氣味；哪裡是碰到事情後才思考，計算一下它的美惡，而後決定是避它還是接近它？所以，碰到義而想到利，那麼利一定不能實現；碰到打仗而想到生，那麼打仗一定不拚力。至於或窮困或得意、或獲得或喪失、或死或生、或禍或福，那是由命運決定的。（《思堂記》）

說話辦事，以自然爲尚，以自適爲佳。這也不失爲一種生存方式。大千世界、紛擾世事，憂國憂民，奮發進取，捨己爲民，當然不失其社會價值；而順其自然，無爲而爲，適可而止，這又何嘗沒有意義？生活無限豐富，生活的方式也無限多樣。更何況，就如同休息有益於工作，收回拳頭有益於更好地出擊，順乎自然有益於創造，甚至有時它本身就是一種更高更完美的創造。反過來，人的努力和創造，往往又是爲了回復到一種更高的自然境地。

曠達的人生態度

曠達是一種人生態度，又是一種胸懷，一種境界。

曠達出於自然，然而，社會人生又斷難自然，這就決定了東坡的人格、思想十分複雜，充滿了矛盾。這裡有儒家的正統，道家的自然，還有佛家的空幻。有積極的成分，也有消極的因素。有些東西，積極中含有消極，謬誤中又蘊藏著眞理，是是非非，難以分辨，仁者見仁，智者見智。

東坡的複雜，大略看來呈現出兩種面貌。一是儒士，一是隱士。

對君主忠心耿耿，對國家的貧弱憂心如焚，對老百姓的疾苦深切關注。明知山有虎，偏向虎山行。爲官一任，造福一方。甚至不以一身禍福，改變其憂國之心。這是東坡形象的一面：儒士、忠臣。

有的人已注意到，蘇東坡留給後人的主要形象並不是這一面，而恰恰是他的另一面。東坡雖然屢次遭受挫折、打擊，有幾次差點送了命。即便這樣，一旦皇帝有召，他便召之即來。他也曾想到過退隱，並且打心眼裡喜歡不爲五斗米折腰的陶淵明，但他一生始終不曾眞正歸田、隱退山林。從行動上看，他不是一個隱者；若從精神上來看，他通過詩文所表現出來的那種人生空漠之感，卻比前人任何口頭上或事實上的「退隱」、「歸田」、「遁世」要更深刻更沈重。李澤厚先生曾指出：東坡的這種「退隱」心緒，「已不只是對政治的退避，而是一種對社會的退避」。（《美的歷程》）它已不是對朋黨爭鬥、政治殺戮的恐懼哀傷，儘管這種具體的政治哀傷東坡也有；而是對整個人生、世上的紛紛擾擾究竟有什麼目的和意義這個根本問題的懷疑、厭倦和企求解脫與捨棄。對政治的退避是可能做到的，而對社會的退避卻是不可能的，除非離開人世。所以這便成了一種無法解脫而又要求解脫的人生厭倦和感傷。

東坡的退隱不是一種實際行動上的，而是一種精神上的、哲學意義上的，後者比前者又深了一層。

透悟了人生無可迴避的煩惱，就可以以一種相對超脫、曠達的態度面對人生，面對世界。東坡被貶黃州時，他同一個友人一同划船遊玩於赤壁之下。當友人哀嘆生命短促，羨慕長江無窮，希望同神仙一起遊玩，與明月一起長存的時候，東坡卻說：你眞正知道江水和月亮嗎？長江之水不斷地流淌，而實際上並沒有流去；月亮圓缺交替，但也沒有增減什麼。若從變化的角度來看，天地間的萬事萬物連一眨眼的工夫都不能保持原樣；若從不變的角度來看，人類自身和宇宙萬物都是永存的。既然這樣，那人又何必羨慕長江的無窮無盡呢！天地之間，物各有主，如果不是我的，即便一毫一厘也不取。只有江上的清風，山間的明月，耳聽爲聲，眼看有色，取之不盡，用之不竭。這是大自然無窮無盡的寶藏，可供我們賞玩適意。（《前赤壁賦》）物我齊一，榮辱互通，生死也沒有什麼絕對分界，既然如此，人們還有什麼理由不保持樂觀的精神呢？在我們看來，東坡的樂觀實際上是一種徹悟人生，且頗具悲劇精神的樂觀，其至可說他是一個樂觀的悲觀者，或悲觀的樂觀者。

怎樣才能達到樂觀和達觀呢？東坡有一套解脫困苦、超越悲哀的獨特的思維邏輯和方法：嶺南惠州一帶瘴癘害人，住在北方又何嘗不生病；是病都死得人，何必瘴氣。人們苦於嶺南缺醫少藥，但在都城，醫術高明的醫生手裡死人也不少見。（《與參寥書》）這種自譬自解的方法，可能導致泯滅一切是非的自滿自足的混世哲學，也可能成爲厄境中堅持生活信念的精神武器。東坡顯然屬於後者，這種解脫方式對後人的啓迪和教益也正在此處。

人生在世，難免有苦惱、失敗和困頓。身處逆境或遭逢不幸，人如果不善於自我解脫，沒有一點曠達的胸懷，難免陷入泥沼，不能自拔。蘇子的人生態度，是失敗、挫折中的一種智慧，是苦惱、病痛中的一帖藥方。

精神的痛苦、最終只能在心靈中求得解放和超越。

東坡與現代人

一位詩人曾這樣寫魯迅：有的人活著，他已經死了；有的人死了，他還活著。

的確，生活中有人活著，只是行屍走肉，與死了沒什麼差別；有人雖已離別人世，卻仍然活在人們心中。蘇東坡正是這種雖死猶存的人。他早已故去了近九百年，然而，他的故事、軼聞、詩文，仍在文人雅士和普通百姓中廣爲傳衍；他的道德、人格、精神和智慧，依然潤澤後人，開啓未來。

東坡是豐富的，他的人生意義對後世的啓迪也是多方面的。林語堂先生這樣描述蘇東坡先生的多彩多姿。他是個秉性難改的樂天派，是悲天憫人的道德家，是黎民百姓的好朋友，是工程師，是假道學的反對派，是瑜珈術的修練者，是佛教徒，是士大夫，是皇帝的秘書，是飲酒成癖者，是心腸慈悲的法官，是政治上的堅持己見者，是月下的散步者，是詩人，是生性詼諧愛開玩笑的人。東坡說不完，道不盡，這些也還不是他的全部。

我們下面將要展開敘述和議論的，是作為生活的達觀者的蘇東坡，是作為一個有血有肉的眞人的蘇東坡。他知識、智慧過人，卻保有一片天眞爛漫的赤子之心；他生性幽默，愛與人打趣，也常常自嘲；他不善於自謀，卻悲天憫人，一副古道熱腸；他洞悉人世，但處世接物，絕不拘泥於俗套；他在政壇上曾居高位，文壇上是公認的領袖，而他自己愛吃肉、喝酒，還對釀酒、烹調、醫藥、養生術等興趣濃厚，自己動手，造酒燒菜，給人治病，全然是一個普通人；他上可以陪玉皇大帝，下可以陪村野的乞兒，在他眼前天下都是好人，因此他快樂，無所畏懼，慷慨大度。在蘇東坡身上，充滿了心靈的喜悅，思想的快樂，智慧的光芒。他的人生智慧，他的處世哲學，給今天的人們以多方面的啓示。

蘇東坡是偉大的，又親切平易，和普通人接近，其曠達的人生哲學也有持久的魅力。

修養篇

君子寬以待人

生活在人世間，就得與人打交道。怎樣待人是一門學問，一門藝術，但說到底還是一種人格修養。

常言說：不看人待我，只看人待人。意思是說，一個人的為人怎麼樣，不看他對我怎麼樣，只要看他對別人的態度就知道。我們觀察別人是這樣，別人反觀我們不也是這樣嗎？

待人藝術可以寫成若干本大書，複雜得很，其實又簡單得很。待人講究一個「誠」字，講究一個「寬」字。果能如此，那許多問題就迎刃而解了。

待人以寬

人們常說，要嚴於律己，寬以待人。這個「寬」，有寬容，有寬和，有寬厚，有寬宏和大度。

《南史》上有記載了這樣一個故事：

有一個叫劉凝之人，有一天在路上走，碰到了一個人；這人說劉凝之腳上穿的鞋子是他的，於是劉就把鞋子給了那個人。後來，那個人找到了自己的鞋，便把錯認的鞋子還給劉凝之，劉不肯再要。

另外一個人也遇到了類似的情況，這個人是沈麟士。鄰居有一天說沈穿的鞋是他的，麟士笑著說：「是你的鞋子嗎？」就把鞋子給了他。過了幾天，鄰居找到了自己丟失的鞋，便來向沈還鞋子。麟士說：「不是你的鞋子嗎？」他又笑著把鞋子收回了。

蘇東坡引述了這個小故事，然後議論說：這雖然是生活小節，但爲人處世，應當像沈麟士那樣，而不要學劉凝之。

人們常說，金無足赤，人無完人。在生活中，誰沒有大大小小的過失呢？別人有，自己也會有。寬和地對待朋友、對待家人、對待同事、對待左鄰右舍，對待認識的或不認識的人，自己也心平氣和、輕鬆愉快。如果一點點小事就耿耿於懷，不僅使別人疏遠你、忌恨你，失去友人，而且自己也會因心裡總是塞著一些芝麻大的恩恩怨怨，心氣不暢，脾氣煩躁，這樣既傷人，又傷己。

古人講，「和以處衆，寬以接下，恕以待人」，這是君子風範。「和」也好，「寬」也好，「恕」也好，一句話做人要寬厚大度，待人要與人爲善。寬容別人的人，受益者不僅是對方，同時也是自己。寬可以容人，厚可以載物，寬以待人天地寬。

小事見人高低

說到劉凝之、沈麟士，我們又想起了另外一件小事。事情雖小，但它仍可見出人物氣度的大小、修養的好壞。

西晉的時候有兩兄弟，哥哥叫陸機，弟弟叫陸雲。這陸氏兄弟都是當時有名的文學家，他們出身名門望族，德行高潔，人們把兄弟倆合稱爲「二陸」。他們的祖父陸抗，是三國時吳國名將陸遜之子，也是吳國的一名戰將。

另外有一個人，名叫盧志，他的祖父盧毓是東漢末年的大將軍盧植之子，魏時官當到吏部尚書。

有一天，盧志在一個公衆場合問陸機：「陸抗是卿何物？」「何物」是當時話，就是何人，沒有貶意，這句話問的是「陸抗是你什麼人？」

陸機怎麼回答呢？他說：「就像你和盧毓的關係一樣。」

盧志當衆直呼陸機祖父的名字，按當時的規矩是不恭敬的，有失檢點。陸機很不客氣，他的答語直呼對方祖父姓名，實際上是當面報復。

陸雲當時也在場，聽了哥哥的回答大爲吃驚。事後他對哥哥說：「你何必這樣呢！盧志可能眞的是不知道。」陸機板起臉說：「我祖父名揚海內，哪有不知道的？」

這件小事，表面上是寫陸氏兄弟的不同個性，實際上反映的是兩種不同的待人接物的態度和修養境界。古人客觀地記下這件事，不說優劣，其實優劣已一目了然。

我國古代的「訓俗遺規」中有這麼兩句話：「待己者，當於無過中求有過；待人者，當於有過中求無過。」

盧志是眞不知還是假不知陸抗是什麼人，這已無從考證，也無須考證。但從上面這件小事我們看到陸氏兄弟待人態度上的差別：陸雲是「於有過中求無過」，陸機則是「於無過中求有過」。

心地寬厚的人遇事總把人往好處想，心胸窄狹的人卻總愛把人往壞處想。一般來說，天下總是好人多，人們應抱著與人爲善的態度，多一點理解，少一點猜忌；多一點諒解，少一點敵觀。這樣，世界豈不更加和諧、美好！

宰相肚裡能撐船

將軍額頭跑得馬，宰相肚裡能撐船。古往今來，生活中不少見這樣胸懷闊大的人。

齊桓公不記私仇，用射了他一箭的管仲當丞相，成就了一代霸業；楚莊王寬恕調戲了他的妃子的部下，結果在危難的時候得到了這個部屬的死力相助。

呂蒙正是宋太宗時候的宰相。他是少年得志，很年輕就被任爲副宰相。太順當了不免有人忌妒。一次，當他列席朝議時，群臣中有人突然嘲諷：「這麼年輕就當副宰相……？」呂蒙正裝著沒聽見，從從容容地從列隊中走過。同僚中有人爲他打抱不平。退朝以後，這個同僚還不忘這事，建議呂蒙正探出那個嘲諷他的人。呂蒙正卻說：「不用了，還是不打聽的好。如果知道是誰，心中難免耿耿於懷；不知道的話，也沒有什麼損失。」

生活中的許許多事情都是這樣。水太清了魚不能活。人如果太過於計算別人，一點小事就追根究柢，窮追不放，這樣只能小事變大，反而不好收拾。君子不計小人過，以寬宏大量對待別人，處理起事情來就順利一些。對人大度，不計小過，於人於己，於公於私都是利多而弊少。

寬厚和大度，不僅是一種待人的態度、方式，而且是一種胸襟、一種境界。

蘇東坡年輕時有一個朋友，叫章惇。這個人後來當了宰相，執掌大權。他當政時，把蘇東坡發配到嶺南，後又再貶到海南。對於這樣一個幾乎將自己置於死地的人，東坡也以大海般寬闊的胸懷寬恕了他。當東坡遇赦北歸的時候，章惇卻倒了楣，被貶到嶺南的雷州半島。當東坡聽到章惇被放逐的消息，他在給人的信中說：章惇到雷州，我知道後好幾天都很驚嘆。這麼大年紀浪跡海角天涯，心情可想而知。好在雷州海康一帶雖然偏遠，但無瘴氣，望以此開導他的老母親。東坡還對章惇的兒子說，過去的不愉快再提它也沒有益處，多想想以後吧。

當然，並不是每個人都能有蘇子的這種海涵，也不是將軍、宰相心胸都海闊天空，但人人都應該擁有一個寬和大度的胸懷。

人們常把一句古諺錯寫成「無毒不丈夫」。其實它的本來全貌是：量小非君子，無度不丈夫。眞正的君子大丈夫絕不是心狠手辣的人，也不是心胸狹小的人，而是那種胸懷寬闊、度量如海的人。

我們理當還大丈夫以本來的面目。

笑人者可笑

待人處世除了誠信、寬厚以外，還有一個理解別人、尊重別人的問題。

老舍先生說過一句笑話：兒子是自己的好，老婆是別人的好。這當然是戲言。現實生活中，的確有些自以爲是、夜郎自大的人，覺得什麼都是自己的好；而對別人的理想、志向、追求、興趣、愛好等等，總是持一種不以爲然的態度。

笑話別人缺點的人，恰恰暴露了自己的缺點。何況你冷眼譏笑的東西，未必都是沒有價值的。

人各有好

有這麼一則笑話。

說的是五代的時候，南平國（今湖北江陵）有個官員叫李載仁。這個人性情迂腐，平生最不喜歡吃豬肉，一吃便吐，難受極了。有一天，他正準備去見上司，剛跨上馬要走，卻有兩個僕從打起架來。這可把李載仁氣壞了，他決計要重重懲罰他們一下。心想：打板子，這對他們來說不過是家常便飯；今天必須給他們點大苦頭吃，才好懲一儆百。

於是，他立即叫人到廚房去取來幾張大餅，又端來一盆炖豬肉，然後讓兩個僕從用大餅捲豬肉，臉對臉地跪在地上吃。李載仁見兩個僕從嚼著炖肉，心裡好不解氣。他還洋洋得意地對衆僕從說：「看見沒有?今後誰要是敢胡鬧，除了吃這個，我還要外加兩張脂油餅，一碗四喜丸子！」

這個李官員眞是糊塗得可以！你不喜歡的，別人未必討厭；你深惡痛絕，別人就未必不喜歡。蘿蔔青菜，各有所愛。這是極簡單的生活道理，但又因爲它太簡單、太樸素，人們還往往忽略了呢。

實際生活當然要比青菜蘿蔔、豬肉餡餅複雜得多，自以爲是者就要鬧笑話。東坡先生對那種「使人同己」的現象就曾作過描述和勸戒。

不笑話別人

東坡先生說：

世上的人總是有一些共同嗜好的，比如說好吃好喝的東西，漂亮華麗的衣服，傾城傾國的女色，人見人愛。

但是也有人對「美飲食，華衣服，好聲色」不屑一顧，對喜歡這些東西的人也嗤之以鼻。他們以高雅自居，對這些「俗物」和喜愛俗物的「俗人」投去譏笑的目光。他們自己呢，則下棋彈琴，收藏古人的書籍、字畫，還有古玩什麼的；一有人上門，就搬出自己的「寶物」向人誇耀，讓人欣賞，以爲自己高級得不得了，脫俗得了不得。

殊不知，你笑別人，還有別人笑你呢！「雅士」笑「俗士」，「豪士」又笑「雅士」。豪傑之士說：古人的功名流傳於後世，你們的什麼琴棋書畫，不都是些空洞無物的東西嗎？這些無聊的玩意兒，是古人沒有辦法建功立業、不得已才留下的呢！

說到建功立業，人們自然會想起劉邦、項羽，商湯、周武，還有秦皇、漢武這些人了。在武士豪傑看來，他們的豐功偉績那才是最有價值的。

然而，「豪士」的愛好又有「隱士」來挑戰。「隱士」說：帝王霸業實在只是區區小事，哪裡值得吹噓！從前，堯要把君位讓給許由，許由卻逃到箕山下，自己種田去了；堯又請他做九州長官，他到潁水邊洗耳朵，表示不願意聽到。這千秋霸業、萬事功名，在許由眼裡又算得了什麼呢？

蘇軾感嘆說，世界上的人如果都這樣互相譏笑，那還有完沒完呢？「人持以己之不好，笑人之好，則過矣。」這意思是說，人們如果因為自己不喜歡某物，別人喜歡，就取笑他，這就錯了。（《寶墨堂記》）

明智的態度

天生萬物，有美有不美，有才有不才。就人的志趣而言，也各不相同。《儒林外史》二十六回裡的王太太，津津樂道她在孫鄉紳家「吃一、看二、眼觀三」的席上，坐在首位，一邊一個丫頭為她掠開滿臉黃豆大的珍珠拖，讓她露出嘴來吃蜜餞茶。而《唐吉訶德》十一章裡的桑丘，卻不愛吃酒席，寧願在自己的角落裡，不裝斯文，不講禮數，吃些麵包葱頭。

人各有志，不能相強。有人企求飛上高枝，有人寧願「曳尾塗中」。惠施是梁國的宰相，他很看重自己的這個寶座，生怕莊子搶了自己的位置，便到處搜捕莊子。莊子看來卻嘲弄他說：「老鷹抓到一隻臭老鼠，高興得不得了，看見鳳凰飛過，趕緊捂起來。難道鳳凰還稀罕這腐臭的老鼠嗎？」在莊子眼裡，惠施的寶座不就是一隻「臭老鼠」嘛！

古諺說：千人千品，萬人萬相。一顆樹開一樣花，百樣兒百樣音。大千世界的事事物物，林林總總；各色人等，千差萬別。人們的身分、經歷不同，個性、氣質有別，興趣、愛好、追求、志向也各有差異。陽光底下連兩片絕對相同的樹葉都沒有，難道人還會一模一樣嗎？不要以爲別人都羨慕自己，自己也大可不必做別人的影子。

在實際生活中，像東坡說的那種互相瞧不起的人並不少見，像惠施那樣的自以爲是的人也多得很。有些人總是以自我爲中心，以自己的美醜爲天下的美醜，以自己的好惡爲天下的好惡。就說工作或者職業吧。當官的，有權有勢，有實惠，有房子，有車子，便自以爲不得了，對別人都是低下頭俯視；搞藝術的，留著大鬢角，一臉絡腮鬍子，一副落脫不羈的才子形象，自以爲超凡拔俗，覺得在人群中自己簡直是一隻仙鶴飛到了雞群裡；暴發的地主，則財大氣粗，便認爲自己本事大得很，教授算什麼，一個月的收入還不夠我抽兩包煙呢，眞是可憐！如此等等，不一而足。

其實呀，還是古人說得好：「彼人也，予亦人也。」你是人，我也是人呀！且不說人不求人一般高，就說興趣、職業不同的人，人格上又有什麼高下尊卑之分呢？皇帝位尊，有的卻是流氓加無賴；陶潛貧居，甚至向人乞討，他卻有挺挺大節。

行業三百六，愛好千萬種。農民種地，工人做工，作家寫作，科學家做研究……社會分工不相同，各人的成就有大小，但就其本質來說又有多大區別呢？它們不過都只是人們謀生的手段罷了。名垂青史、功蓋千秋，古往今來有幾人？就說詩人寫詩，你在格子上耕耘，農民是在土地上耕耘，教師是在黑板上耕耘，誰高誰低難以區分，也沒有必要區分。

自然界講生態平衡，人類社會自身也有個平衡問題。做精神的，不必瞧不起做企業的，詩人餓著肚皮、畫家凍得發抖，何來詩興和靈感？開工廠的、開公司的，也不必把精神文化的人看得一錢不值，試想，當今之世，假如全國的電視台停播三五天，人們恐怕都會若有所失，坐臥不寧。

不使人同己

世界多姿多彩，人也各有不同。明智之人，自己不必跟在別人的後面亦步亦趨，也不必強差人意，使人同己。客觀、冷靜、明智，才不會舉措失當。

李官員罰人吃肉，鬧了笑話。他可笑就可笑在不顧周圍的客觀實際，而憑主觀臆想和個人感受來處理問題。

在實際當中，那種以個人的是非好惡爲標準，去規範別人、要求別人，比起罰人吃肉來要有害得多。王安石就很有些「好使人同己」的毛病。

王安石是北宋著名的政治家、文學家。他主張變法，廢除詩賦、明經等科舉考試科目，專門以經義、論、策取士，他自己寫作了三經《詩》、《書》、《禮》新義，作爲科舉考試的統一標準。

蘇東坡批評他說，現在文字的衰落，王安石有很大的責任。王安石本人的文章不能說不好，但他的弊病在於喜歡讓人與自己相同。相比之下，孔夫子就是很明智的，他從不勉強別人與自己一樣。顏淵和子路都是他的學生，一個仁，一個勇，孔子讓他保持自己的本性和特點。現在，王安石爲文治學「好使人同己」，天下的文章雷同單一，文壇凋蔽衰落就不奇怪了。

肥沃的土地都要生長植物，但所生長的植物種類並不相同。只有那些荒僻、貧瘠的鹽鹼地，滿眼都是黃茅白葦，沒什麼區別。文章的園地也是一樣：空氣自由，環境寬鬆，允許百花齊放，那麼這園地就會萬紫千紅，美不勝收；反過來，如果求同斥異，標準一律，那麼這園地就非常單調、蕭條了。（《答張妏潛縣丞書》）說到此，我們不覺想起了「革文化的命」的那些特殊年份，文藝創作必須遵循「三突出」的原則，結果是文藝園地一片「黃茅白葦」，大陸人民只看八個

「樣板戲」，這「新八股」和科舉考試的「老八股」一樣，窒息了人的創造精神。深刻的歷史教訓的確值得記取。

蘇軾懂得這個道理，他雖為文壇領袖，卻並不使人同己。「蘇門四學士」（黃庭堅、秦少游、晁無咎、張耒）就文章風格各各不一。

《論語》中講：「君子和而不同，小人同而不和。」孔子認為，「同」是沒有自己的主張，盲目附和別人，人云亦云；「和」是指一方面堅守自己的獨立自主，另一方面又能與周圍的人相互協調。這個原則也適合於治學、作文，以及人生的其它領域。

人，不能以自我為中心，讓別人圍繞自己的愛好轉，讓一個世界都是自己的色彩；也不能自我感覺良好，取笑別人的愛好、興趣，甚至職業。世界是個大宇宙，每個人都是一個小宇宙。無論大宇宙，還是小宇宙，都是無限豐富，無限多樣，無限變化的。尊重自己，也尊重別人，一句話，尊重自然和人類的規律，世界將更加絢爛多姿，人類也將更加和諧美好。

養生之道

延年益壽、長命百歲，這是古往今來多少人所企求的。然而萬物歸大化，人生終有盡，是人終究逃不脫自然的規律。

但是，適當延緩衰老，在有生之年保持健旺的體魄和精神，讓生命之樹更加壯碩、繁茂，講究養生之道還是大有益處的。

養生之道千萬條，全憑自個兒去摸索、去體悟。蘇東坡的經驗是——

養生貴在「和」與「安」

蘇東坡有一位道士朋友，叫吳復古，對養生之道有獨到看法。蘇子也很贊同他的意見。

吳復古說養生貴在兩個字：一個是「和」，一個是「安」。

什麼叫「和」呢？吳復古說：

我們不是都熟知天地之間的寒暑變化嗎？寒冷到極點的時候，冰天雪地；炎熱到極點的時候，地都要冒煙了。但天地間的萬物並不因此而損毀，這是由於寒暑的變化是逐漸實現的。寒暑的變化交替，白天伴著太陽、夜晚伴著月亮緩緩行進，俯仰之間，屢屢有變化，但人們常常沒有感覺到，這是因爲變化是非常細微的，也是非常和緩的。假使最冷的天氣與最熱的天氣驟然交替，像開玩笑似的，那人早受不了了。

氣溫驟寒驟熱，氣侯倏忽變化，「朝穿皮襖午穿紗，圍著火爐吃西瓜」，這樣的自然環境，一般人是難以適應的。人的精神、心性的修練，也與自然規律有相似之處。大起大落，大悲大喜，都易傷人。朝爲卿相，暮爲草民；或早爲寵臣，晚成囚徒，這樣的打擊曾使多少人抑鬱而病、悲憤而死。大悲傷人，大喜也常有樂極生悲的時候。范進仕途蹭蹬，屢試屢敗，五十多歲時終於及第，因大喜過望，喜極而瘋。我們還知道有這麼一位大學老師，快到花甲之年還在爲職稱三更燈火五更雞叫地學外語，幾次競爭升等教授都沒能上。最後一次機會時，好不容易過五關斬六將，升上了教授。大喜降臨，當然非常高興，也異常興奮。老先生顧不得高血壓和心臟病，爲慶賀這遲到的幸運喝了幾盅酒，誰知竟溘然而逝。

生活中當然有起有伏，有悲有喜，遇悲事而無動於衷，遇喜事而形同木石，那自然是不可能的，也不足取。但修身養性，還是要內心平和。喜而不狂，悲而不怒，保持情緒的相對穩定和緩變化，這於身於心都是有益處的。

什麼叫做「安」呢？吳復古說：

我曾經從牢山坐船經海上去淮水，遇上了大風，船兒顚盪得很厲害。船上的人，隨著船的起伏，上下搖晃，像蹈車輪前進，頭暈目眩，無法忍耐。而我飲食起居跟平常一樣。我並沒有什麼奇異的法術，惟有一條，就是聽其自然，不與之抗爭。其實，使人生病受累的，常常不是外物，而是人自身。食物中有蛆，吃飯時見了沒有人不嘔吐；但沒有看見，連蛆帶飯一同吃，就不會嘔吐。山珍美味人們都想吃，糞穢之物人人都唾棄。這兩種東西我都不接觸，也就無所謂想吃或想吐了。見了蛆便作嘔這種心理，到底是起於外物呢，還是出自我的內心？如果知道它是我的心理作用產生的，那麼我即使與蛆之類的東西接觸也泰然處之，這就達到了「安」的極致。

俗話說：眼不見爲淨。又說：眼不見心不煩。這還是一般的境界。蘇軾認爲，自我修練的高境界是，即便面對骯髒的東西，令人煩惱的事物，見了也能泰然處之，若無其事。這當然不易。這裡，關鍵是「安」，順任自然，心中不亂。倘若你認準了的目標，便去追求。有人不理解，你不必管他；小人譏笑你，可一笑置之；惡人攻擊你，也可不予理睬。走自己的路，管別人說什麼呢！

可見，能「安」，外物對我的影響就很小；能「和」，我順應外物變化的行止就很順。外輕而內順，養生之道也就大體具備了。

以正壓邪

「和」也好，「安」也罷，說的是養生，這精要還在養神、養心。古人曾以龍虎水火爲喻，來闡發這個道理。

鄭國的子產說：火烈，人見了都怕它；水弱，人人都喜歡玩它。

古話說：虎從火裡出，龍從水中生。

蘇東坡發揮道：火烈而水弱，烈生正，弱生邪，火為心，水為腎。因此五臟之性，心正而腎邪。腎沒有不邪的，即便是君子之腎也邪。但君子常常不淫邪，這是由於心主宰了腎，腎只有俯首聽命的份兒。心也沒有不正的，就是小人之心也正。但小人往往淫邪，這是由於心管不住腎，反過來腎做了主人。

人們隨時都在焚燒自己的精力。這種焚燒來自兩方面，一是種種情緒上的紛擾，如惱怒、煩悶、情慾、憂愁等等；二是人體的汗、淚、排泄物等等。在道家的宇宙論裡，火用虎代表，水用龍代表。控制火者為心，控制水者為腎。當心控制身體之時，其趨勢是善。若人的行為受腎控制，其趨勢則為邪惡（腎在中國古代包含性器）。所以腎控制人體之時，人就為獸慾所左右，於是「龍從水中生」，意即損毀元氣。另一方面，人如果心火過旺，情緒不寧，喜則舞，怒則鬥，失望憂愁則頓足，這也損毀精力元氣，這就是「虎從火裡出」。這兩種損毀元氣都是「死之道」。因此，我們應當借心神的控制，保持心的平和，不使心火過旺，也不使腎過於張狂，從而以心制腎，以正壓邪。（《續養生論》）

心正而腎邪，這個說法今天看來當然是不科學的。但是，就人性而言確實是複雜的。在一個人身上，有美的一面，也有醜的一面；有善的因素，也有惡的因素。人之初到底是性善還是性惡無須爭辯，但人長大後的確不那麼簡單。說人的一半是野獸固然過分了點，但人性中確有許多弱點。

用人性的優點制服人性弱點，用正氣壓倒邪氣，人就會身心常樂，功德圓滿。

說到此，我們聯想到佛洛伊德的精神學說。佛氏把人格結構分成「本我」、「自我」和「超我」三個部分。本我是人格中最原始、最模糊而不易把握的部分，包括各種慾望和衝動，是來自本能尋求滿足的動力。它不知善惡，不懂得外界價值觀念，其活動受快樂原則支配，不願現實的限制性要求。超我，則是人格中的監察批判機構，爲一切道德準則的代表。它的主要作用是按照個體所屬的社會道德觀念，鑑別是非善惡，作爲自我行動的準則。而自我介於上述二者中間，對上符合超我的要求，對下吸取本我的力量，並處理、調整本我的慾望。譬如：一個人遇到一個有吸引力的異性，本我的慾望要不顧一切的和對方發生性行爲以求性慾的滿足，但超我以嚴厲的道德標準給以監督和控制，外界現實也不准許這種盲動。自我就要考慮到不違反道德準則，酌量現實情況，或暫時壓抑本我的慾望或延遲這種慾望的滿足，以社會許可的方式接近對方以求愛。

拿佛氏的觀點與蘇子之說相比，這本我大抵像腎、像水；而超我有如心、如火。這二者平衡，才能保證人行爲的合理性。倘若本我的衝動像脫繮的野馬，肆意狂奔，那害處是很大的。人們常說，要理智戰勝感情，大致也接近這個意思。人畢竟是具有理性精神的，他不能僅僅做本能的奴隸，成爲騎在「本我」這匹馬上軟弱無助的被「本我」馱著走的人。

魔由心生

所謂龍虎相爭、水火相調、以正驅邪，說到底是一個戰勝自我的問題。一個連自己都控制不住，連自身困擾也克服不了的人，修身養性只能是說說而已，功名業績也無從談起。

人們在生活中，總免不了有一些苦惱、煩悶的事兒。有些煩惱來自外界，必須正視；有些困擾源於內心，這就是所謂自尋煩惱。

「魔由心生」的故事說的正是這個道理。

有一個和尚，每次坐禪都幻覺有一隻大蜘蛛跟他搗蛋，無論怎樣也趕不走。他把這件事告訴了師傅。師傅讓他下次坐禪時拿一隻筆，等蜘蛛來了在它身上劃個記號，看它來自什麼地方。和尚照辦了，在蜘蛛身上畫了一個圓圈。蜘蛛走後，他安然入定了。當和尚做完功一看，那個圓圈就在自己的肚皮上。

原來，許多我們推給他人或外物的過失，毛病竟在自己身上。當然，這種來自自身的困擾我們往往不易察覺，更難以「用筆」「圈」定。天下本無事，庸人自擾之。自尋煩惱的事兒確實不少見。據說從前杞國有一個人，他整天擔心天塌地崩，自己沒有地方躲藏，因此急得睡不著覺，吃不下飯。這是爲何著來呢？正如詩仙李白所道：「白日不照吾精誠，杞國無事憂天傾。」

假如我們眞的知道了「魔」的來處，那降魔也就有方了，自己也可超脫一些。有人竊竊私議，未必就是在說自己壞話；職務晉升不上，也不一定就是單位主管沒出力；調好缺未輪上，也要全面分析一下自己的條件……

當然，也不是一切煩惱責任都全在自己。但外因畢竟只是條件，內因才是根據。就像「民不畏死，奈何以死懼之」，一個人若不求長命百歲，自然也就對死亡不那麼恐懼；不要大富大貴，自守清貧也就沒什麼痛苦了；不想出人頭地，默默無聞便也自得其樂。

也許這正是中國傳統養生術的精要之所在。養心勝於養身。

慾望與節制

人非草木，孰能無情。七情六慾，人皆不負。正當的、有益的慾望應當受到尊重、得到滿足。

但是，人們切切不可放縱自己的私慾。常說「慾壑難填」。慾望如萬丈深淵，是個填不滿的無底洞。慾望如海，如果人一旦失卻了理性之舵，很可能會葬身海底。

四戒

人生總是有許多追求、許多奢望，比如說功名、富貴、金錢、美色，好東西誰不喜歡呢？對這些，東坡先生卻持一種達觀而又幽默的看法。他在《書四戒》

中寫道：

出輿入輦，厥痿之機。
洞房清宮，寒熱之媒。
皓齒蛾眉，伐性之斧。
甘脆肥濃，腐腸之藥。

東坡將這三十二個字寫在門上、窗上、茶几上，讓自己經常可以看到。在他看來，車子、轎子、舒適的房子、漂亮的女人，還有美味佳餚，對人都是有害處的。失去人間美好東西的人，才是有福氣的。

我們說東坡先生的說法帶點幽默、詼諧的味道，當然對他的話就不可作太機械偏頗的理解。連孟老夫子都說：食色，性也。飲食男女，是人的天性，人的本能。

有這麼一個笑話，說的是一個老和尚偶然揀到一個乳嬰，辛苦撫養，不讓他與外界接觸，從小令他誦經拜佛，不染半點紅塵中事。待他長成十幾歲了，老和尚斷定他六根清靜。一天首次帶他下山，走到半山竄出一隻老虎，小和尚大驚問道：「這是什麼？」老和尚回答：「阿彌陀佛，這是女人。」小和尚道：「女人竟如此可怕。」走到山下，突然遇到一個妙齡女郎，小和尚目不轉睛地盯住女郎，老和尚見狀，斷喝一聲：「那是老虎，要吃人的，還不快走。」師徒回到廟中，小和尚當晚就病了，茶飯不思。老和尚不放心，前去照料，關心地問道：「徒兒，你覺得哪裡不舒服？」小和尚不假思索，脫口便道：「我想老虎！」

笑話歸笑話，但說到底，七情六慾，誰沒有呢。生在塵世，長在凡間，要六根清靜，一塵不染，心如枯井，談何容易！也沒有必要。東坡的「四戒」，如果理解爲節制過度的、有害的物慾、情慾、貪慾，那應是有意義的。

去慾難

人的有些慾望既然是一種本能的要求，要抑制尚且不易，去掉當然就更困難了。

蘇軾的政敵、道學家程頤有一個學生，有一次寫了兩行詩，論「夢魂出竅」

在夢中去找女人，程頤大慌，喊道：「鬼話！鬼話！」

宋代另外一位正人君子胡銓被放逐了十年，遇赦歸來，寫了兩行詩：「君恩許歸此一醉，傍有梨頰生微渦。」這「梨頰」是指女人的臉頰，「微渦」自然是臉上的酒渦囉。這詩句的大意是：皇上恩准我回來痛痛快快飲酒一醉，旁邊有漂亮的人兒相伴。看了這兩句詩，南宋的朱熹在感嘆之下寫出了一首七絕：

十年江海一身輕，歸對梨渦卻有情。
世路無如人慾險，幾死到此誤平生。

蘇東坡對性是持一種較詼諧的看法。在他著的《東坡志林》裡，記了這樣一件事兒：

有一天，唐太守來看貶在黃州的東坡，張通判也在這兒。他們幾個人一起去遊覽一個寺廟。在寺廟旁的石凳上坐下來，幾個人便聊起了養生之事來。東坡說：「這調氣養生的事呀，別的都沒什麼，唯有去慾最困難。」張通判接過話道：「正是。從前蘇武被匈奴人抓去了十九年，可以說是吃盡了千辛萬苦，吃雪、吃草、啃羊毛羊皮，但他就是不屈服，這算得上把生死置之度外了。但就是這樣一個有氣節的硬漢子，還是免不了和匈奴的女子生了個孩子呢！可見消除色慾實在不易。」東坡覺得這話很有道理。

晚年的時候，東坡對道家的長生術很感興趣。大概從紹聖二年（一九〇五）起，他開始獨自睡眠，不再接近女人。他說：「養生也沒什麼特別的辦法，安寢無念，神氣自復。」他在給一個朋友的信中說自己已經獨宿一年半了，覺得很有益。他說節慾之難，就好像喜歡吃肉食的人棄絕肉魚開始吃素，並以下列方法勸人：決定不吃肉時，不要決定從此以後永遠不再吃肉。可先試戒三個月，自然易於實行。三個月以後，可再延長三個月，如此繼續下去。

人的慾望豈止是男女之戀，有所節制自然是有益處的。有的人煙癮、酒癮、賭癮都很大，過度了傷神傷身，去掉有益無害。有時也眞下決心戒掉，但總不能堅持下來。多年積習，一朝根除，當然不容易。人們不是常說「積重難返」嘛。就像一口吃不成一個胖子，一鍬挖不出一口井，對於比較艱難的任務、比較遠大的目標，若像蘇子說的那樣分步進行、化整爲零，或許有效。

慾不可縱

七情六慾未必都是洪水猛獸。但是不正當的慾望的確是壞事，害人又害己，太過了甚至禍國殃民。物慾可以導致貪污盜竊，攔路搶劫；色慾可以使人強姦婦女，行凶作惡；權慾可以促使人們大搞陰謀詭計，攪得國無寧日。

所以，無論是從個人修身養性的角度、還是從社會健康發展的角度看，提倡節慾、弘揚理性都是有必要的。《禮記·曲禮上》中說：「慾不可縱」。就是說不要放縱慾望，必須節慾。朱熹在《朱子大全》中也說：「平日操技，莊敬誠實，涵養內心，戒矜躁，去嗜慾。」

我們雖然不贊同「人的一半是野獸」的說法，但平心而論，人既然屬於高級動物，再高級也還是有些動物屬性的。如果人一味地跟著感覺走，放任自己的種種慾求，那麼人就會像一匹失去了理性韁繩的野馬狂奔不止，橫行無羈。人是動物中最文明的，但如果人一旦變得像獸一樣，那他又是動物中最野蠻的。

提倡慾不可縱，並不意味著我們是禁慾主義者，像佛教徒那樣，主張「絕慾棄智，習作苦行」；或者像道學家那樣，認爲「餓死事小，失節事大」，實行這種禁慾主義，人間的一切物質文明和精神文明勢必會遭到廢棄。如果都主張「無爲」、「無慾」，誰還會去求創造、求發展呢？我們主張，慾望不可沒有，又不可放縱，而要節制。

節制慾望，要遵循一條基本原則，就是想想自己的行爲是否是正當的，能否爲別人帶來好處。孔子說：「己所不欲，勿施於人。意思是要將心比心，推己及人。」

貴在養神

人的肉體與心靈是相互依存的。至於說到修身養性，更重要的還在於精神的修練。心寬而後體胖，神和而後人樂。

紛擾世界，芸芸蒼生，誰沒有不如意的事呢?然而，如果善於修練，心定神暢，安貧樂道，能像東坡說的那樣，「無事以當貴，早寢以當富，安步以當車，晚食以當肉」，那生活不是也有滋有味麼！

安步以當車

戰國時候，有個很好學問的人，名叫顏斶。有一次齊宣王接見他時，對他說：「我請你作我的老師，和我生活在一起，不但可以給你吃好的、穿好的，而且出門還給你車子坐。」

顏斶聽了心中很不舒服。他覺得齊宣王是對他進行利誘，便回答齊宣王：

「如果是這樣，我情願回去，『晚食以當肉，安步以當車』。」意思是說，我晚一點吃飯，就抵得上吃肉；安於步行，就抵得上坐車。我不貪圖你那種待遇。

這個故事出於《戰國策‧齊策》。「安步當車」今已成為人所共知的成語。人們常用它來比喻安於一般生活，不貪圖分外享受。

有一位姓張的朋友，曾經拿著紙，請蘇軾為他開一張長壽的藥方。蘇子自己懂醫學，會治病，又喜好養生之道。他對這位朋友說：

我在《戰國策》上看到一劑藥方，我自己就經常按方子服藥，很有效，現在告訴你。這副藥只有四味，一是「無事以當貴」，二是「早寢以當富」，三是「安步以當車」，四是「晚食以當肉」。(《四適》)

東坡以吃飯為例，來闡說安貧樂道、善於守窮的道理。一個人餓得飢腸轆轆，粗茶淡飯勝過山珍海味；已經吃得直打飽嗝，再擺上雞鴨魚肉，已顯得多餘。東坡說，懂得了這個道理，能安步當車、晚食當肉，也就叫善於處窮了。

平安就是富貴

無事以當貴。

人的一生當然不可能什麼事都沒有。但是，倘若一生沒有大喜也沒有大悲，沒有大起也沒有大落，沒有大得也沒有大失，父母平安，怡養天年；兒女平安，健康成長；自己平安，夫妻和睦。這不是一種什麼轟轟烈烈的事，但從某種意義上說，它未必不是一種富貴，一種幸福。

然而，人們卻往往不能安於平淡，而喜好追求激盪；不能靜守素樸，而往往傾慕奢華。慾望並無滿足之時，山外有山，天外有天，得隴望蜀。

當官的，身爲科長，還一心想當處長、廳長甚至部長；做學問的，已是副教授，還想教授，當了教授，還想研究所所長；經商的，賺了十萬元，還想百萬，千萬……。

殊不知，官場並非平地，有人曾叱咤風雲、弄潮於宦海，忽一旦遭狂風巨浪，便沈屍於海底。學壇也非聖地，競爭職稱，爲外語過關、爲成果勝人，每每有學者英年早逝，或因不平之氣，自尋短見。商界更其險惡，或樹大招風，萬貫錢財招致殺身之禍，或身陷騙局，十年血汗付諸東流。

封建時代，人們追求榮華富貴；而榮華富貴給多少人帶來不幸和災難，更難說盡。

韓信功績顯赫，擁兵據地，貴爲王侯，但功高蓋主，很爲劉邦忌憚。後來，劉邦設謀捕殺了他。

石崇是晉代的大富豪，財產豐積，室宇宏麗，窮奢而極慾；終因富貴而致殺身之禍，全家十五口人，全被處死。

皇親國戚不爲不貴，但曹操聰明而志高的小兒子曹植卻一生鬱鬱不得志，因爲他的哥哥曹丕爲了權力，同室操戈，屢屢刁難。

皇帝貴爲天子，權勢登峰造極，但皇帝也常提心吊膽，多有不測。隋煬帝就爲了當皇帝，不惜殺了自己的父親。

所以蘇東坡才說：無事就是富貴。榮華富貴皆爲身外之物，如過眼煙雲；平平安安是無價之寶，當分外珍惜。

切記：福莫大於無禍，禍莫大於求福。人一生沒有不幸的災禍降臨，不是很難得的幸福嗎？而那些一天到晚四處鑽營的人，自己早都異化了，還談什麼人生的樂趣與幸福？

心中有道

美醜善惡、貧富貴賤，都是相對的。

就說貧與富吧！我們的收入應該像我們的鞋子，如果太小，它們會夾緊和磨傷我們的腳；如果太大，它們又會使我們走路時顛躓跌倒。所以明智的人這樣祈禱：請不要給我貧窮，也不要給我富有。

富有是一種相對而言的東西。應當肯定這樣一種極富智慧的說法：擁有很少而需要更少的人，比擁有很多但需求更多的人還富有。

能無事以當貴，早寢以當富，安步以當車，晚食以當肉，這種人可以算善於處窮了，擁有的少，而需求更少。與人無爭，知足常樂。

蘇東坡說：這種人還沒有真正完全領悟道，養生之道的精義還沒有很好地把握。

爲什麼這麼說呢？東坡說，從容不迫地步行，悠哉遊哉，自得其樂；晚一點等餓了再吃飯，自覺其美，幹麼還要說像坐車、像吃肉呢？可見心中還想著車、想著肉。所以我說「安步當車、晚食當肉」者還沒有得道，還沒有達到超越物慾的至高境界。（《四適》）

北宋二程的一個故事，也說明了相似的道理。程顥和程頤是兩兄弟，二程都是知名的理學家。理學家主張「存天理去人慾」。天理簡單說就是封建倫理綱常，人慾是個人的私慾，尤其是男女之間情、愛、慾等。

程氏二兄弟的修練還有些差別。據說，有一次程顥請人飲酒，旁有一歌伎彈奏唱曲兒，弟弟程頤在坐，他很不滿意哥哥請歌伎的舉動，但程顥若無其事，只顧同朋友喝酒。第二天，程頤就昨日之事責備哥哥。程顥說：「我心中根本沒有什麼歌伎不歌伎的。看來你好像還沒忘記。」程頤自愧不如。

誠然，道在心中，不在身外是否享受，也不在生活的外在形式。道學家得道不在是不是接近女色，達觀者善於處窮也不在是坐車還是不坐車，吃肉還是吃素。就像古代的隱士，未必一定要跑到深山老林裡，古人就曾認爲「朝亦可隱，市亦可隱，隱初在我，不在於物」。王維也認爲，一切應順乎自然，心之所適則可，即使任官也可以「吏隱」。「隱」在精神，不在形式。它是一種高蹈遠引的人生理想，一種自由無羈的人生境界。

中國佛教的禪宗，提倡「本心即佛」，解脫一切外在的羈絆，既不要苦行，也不講坐禪，更不要讀經，這看似對傳統佛教的反叛，但它不是更能得佛教精神的眞趣嗎？

養生之道恰與釋道相通，且水乳相融。

無思之樂

人，需要忙忙碌碌，也需要無所事事；需要冥思苦想，也需要什麼都不想。當然，一個人什麼時候都是無所事事，那就是二流子；什麼時候大腦都是一片空白，那只能是白痴。

生活中，有時做正事，有時候飲酒、釣魚、養花；有時候體味思考的樂趣，有時候又頓入無所思的愜意之中，這才是常態。

飲酒的樂趣

文人與酒，這是千古不變的有趣話題。

李白：豪放飄逸，「鬥酒詩百篇」；

張旭：酒酣情濃，紙上走筆如走馬；

陶潛：引壺觴以自酌，眄庭柯而怡顏……

蘇東坡也與酒有不解之緣，且頗能得飲酒之眞趣。他說：

我喝一整天的酒，也不超過五合，天下最不能飲酒的人，恐怕也比我能喝。然而，我很喜歡與人飲酒，看見客人舉杯徐飲，我胸中爲之浩浩落落，酣適之味，超過了飲酒的客人。閒居的時候，差不多每天都有客人；客人來了，沒有不置酒的。天下最喜好飲酒的人，其程度恐怕也不在我之上。

人們常說，人眞正的快樂，莫過於身體沒有疾病，而心中沒有什麼憂愁。可惜我沒有這兩樣東西。但如果別人無病無憂，來到我這兒，我能不成全其快樂嗎？

我時常備有一些好藥，有人要我便送給他；我還特別喜歡自己釀酒，用來招待客人。有朋友說：你沒有病而準備這麼多藥，酒量不大而釀造這麼多酒，爲了別人來勞累自己，何必呢？我笑著回答：病人得藥，我就像自己有病得了藥一樣愉快；喜歡喝酒的人喝了我的酒，我自己也像喝了好酒，酣暢快適。

因此，我蓄藥釀酒是爲了自己，在別人的快樂和滿足中我也得到了愉悅。

（《書東皋子傳後》）

以一己之歡樂爲歡樂，那歡樂會很少；以朋友、他人、衆人之歡樂爲歡樂，那歡樂會很多。酒不醉人人自醉，人入醉鄉，我亦入樂境。這是一種養生之道，也是蘇子不言而言出的人生品味。

酒中有眞趣，貴在能體悟。

悠閒

飲酒是一種生活情趣；飲酒之樂與酒量大小毫無關係。正如寂寞只在心裡，它與你是否高朋滿座毫不相干。

所以，蘇東坡說：

我飲一點兒酒就醉了，但這醉酒之樂卻與那能豪飲百杯的人沒有什麼差別。

（《酒子賦》）

養貓養狗兒、種草種花兒、集郵集火柴盒，也都是這個道理。它不是一種比多比少、比窮比富、比貴比賤的事情。

眞正懂得這種情趣的人，貴在沈浸其中，自得其樂。更有一種人，能超乎於具體的消遣，另有享受。

有一題爲《孤舟獨影》的小品，別具趣味。作者這樣說：

釣魚是我最喜愛的消遣。我經常垂釣好幾個小時而一無所獲。不過，這並不使我發愁。有些釣魚的人運氣不佳。他們魚沒釣到，卻釣到了舊靴子和垃圾。我的運氣則更不濟。我從來不曾釣到過任何東西——甚至連舊靴子也釣不到。在河上度過一個個早晨之後，我老是拎著空袋子回家。「你不該再去釣魚了！」朋友們說。「那是浪費時間。」但是，他們沒有認識到重要的一點。我並不眞正對釣魚感到興趣。我感興趣的只是坐在船中，無所事事。

這大概就是醉翁之意不在酒，而在乎山水之間吧?!山水之樂，得之心而寓之酒；人生眞趣，行於此而意在彼。

若有思而無所思

思考，常常能給人以快樂。思考中，智慧的閃現，思想的形成，或絕妙文辭的湧出，都能給思者以莫大的享受。

有時候，「無思之思」又別是一種迷人的境界。

一次，東坡居士酒醉飯飽之後，斜倚在臨皋亭欄，此亭瀕臨長江，白雲在空中繚繞，滔滔江水從右邊繞過，遠處一道一道的門戶洞開著，樹林和山巒像要一起湧來似的。面對這山川景物，東坡說：「這時候，若有思而無所思，超然於物而不受制於物，領受大千世界的無窮之美，達到自我的完全自適和充分肯定，實在是難得的享受啊！」（《書臨皋亭》）

生活中處處都有這種「無思之思」的意境：

夏夜裡，倚靠在躺椅上納涼，蒼穹深邃，繁星閃爍，一個人靜靜地仰望夜空，任輕風拂面，任思絮飛舞，似乎什麼都想，又似乎什麼都不想。白日的忙碌、勞頓、煩惱、紛爭，自然隱去。無思又無所不思，無樂而有無窮之樂。

秋日裡，碧雲天，黃葉地，秋色連波，任秋風撩起衣角，腳踩滿地落葉，吵吵，吵吵！一任這有節奏的「吵吵」聲，在耳鼓震盪，在心中迴旋，像風聲、像雨聲、像音樂聲，又似乎什麼都不像、什麼都不是。

拋開世事紛擾，頓入無思之思，天地與心靈和弦共鳴！這也許是一種禪意禪境吧！從大自然的陶冶欣賞中獲得超悟，沒有迷狂似的衝動和激情，有的是一種體察細微、幽深玄遠的淸雅興趣，一種寧靜、純靜的心的喜悅。

拋棄世俗雜念

孔子說，遇事要三思而後行。這似乎是千古不變之論。

蘇東坡的一位朋友築了幾間房子，取名叫「思堂」，意思是自己所作所爲，必思而後行。朋友請東坡爲思堂作記。東坡卻反其意而爲之。他說自己不思，遇事則發，往往不想那麼多；眞正的君子也不是一定臨事而思，瞻前顧後。

東坡還引了一個隱者的話說：

小孩子的稟賦接近於道，要少思考少慾求。而思考與慾求，前者更爲有害。

隱者打比方說：

在屋裡放兩口缸，都裝滿了水，其中一口有一個像螞蟻大小的漏洞，慢慢地漏水；另一口每日取出一升水倒掉。這兩口缸的水，哪一口先乾呢？肯定是那個有小漏洞的。思慮害人，正像那小小的蟻洞，微小而沒有隙縫。

可見，不思遠勝於思慮。如果一個人，心中空虛而能明亮，萬物皆一而能貫通，安詳而不懈怠，不居處而能安靜，不飲酒而醉，不閉眼睛而睡，這就算獲得了不思之樂。這種不思並不是沒有思考，而是不思之思。

蘇東坡說，朋友的思堂之思，不是世俗營營之思，而是《易》上要求的無爲之思，《詩》上說的無邪之思。

事實上，人遇事處世不可能絕對無思，關鍵看你思什麼，怎麼思。

一個人做好事時，心中想的是受表揚，甚至由此而福星高照，那麼這好事便不好了；

一個人捐資興學，耿耿於懷的是樹碑立傳、青史留名，這善舉之中便有不善的成分了；

發明家，一門心思在專利；寫小說的，滿腦子盡是稿費；施人以惠的，總想著別人的回報……如此等等，大概就是所謂世俗營營之思了。

蘇東坡說的無思，就是要去掉這種種世俗營營之思，行義不要想利，打仗就要忘記生死。

孔子講思而後行，這思應是超越個人功名利祿的。這種思與東坡的無思之思是可以並存的。無思之思的樂趣，不僅存在於日常生活之中，也存在於對自然山水的欣賞與觀照之中。

閒者便是江山主人

人，是萬物之靈長，宇宙之精華。

人又是世界上唯一能創造美、欣賞美的。

然而，芸芸衆生，千差萬別。

有人面對風景如畫、美不勝收的大自然無動於衷；

有人則於平凡普通的一山一水、一枝一葉中都能處處見美，驚嘆不已！

哲人講：生活中並不是缺少美，而是缺少發現。

面對自然美、生活美中的千姿百態，人們怎樣才能把握它、享受它呢？蘇東坡說：江山風月，本來沒有固定不變的主人，閒著便是主人。人們只有具備了閒適空靈的心境才能對自然美的千姿百態，達到眞正的審美把握和藝術享受。（《與范子豐書》）

對於一有閒情逸致、美的眼光的人來說，一片樹葉就是一首詩，幾聲蟲鳴就是一曲歌。鶯飛草長，落木蕭蕭；潮起潮落，月圓月缺；世界是多麼奇妙，生活是多麼美好！

東坡有一篇僅八十四字的隨筆，於平凡處顯美妙，可看作「閒者便是江山主人」的一個佐證。作者寫道：

元豐六年十月十二日夜，解衣欲睡；月色入戶，欣然起行，想到沒有可與自己一起領略這月夜樂趣的人，便到承天寺，找友人張懷民。懷民也沒睡，兩人便在中庭散步。

庭院中的月光，宛如一泓積水那樣清澈透明，水中藻、荇（兩種水草名）交錯，原來是竹子、柏樹的陰影。

夜晚常有月亮，竹柏也到處都是，但清閒少事而能從容賞景的人，卻著實不多。（《記承天寺夜遊》）

皎潔的月光，深邃的夜空，和煦的春風，冬日的暖陽……造物主把這一切賜給我，賜給你，也賜給他，賜給芸芸大衆，絕無偏心。對於同樣的自然美景，營營世奔，煩惱纏身的人是無緣欣賞的；而那些連溫飽都成問題，還在爲生存而掙扎的人，也是無暇顧及身邊江山風月的。只有「閒者」才能成爲江山主人，這「閒」既包括不太爲生計發愁、勞碌，又包括不爲名繮利索纏繞，心靈相對超脫、拔俗。

今天，當我們不至於爲基本的物質生活而犯愁的時候，多一點對生活的熱愛之情，多幾分閒情逸致，學會從容、恬靜地品味自然，品味生活，不是也很有意義麼！

應世篇

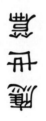

交友與待人

生活在人生的海洋中，誰都要與形形色色的人打交道。有些人只是泛泛而交，有些人則要成爲朋友、知己，當然還有敵人。

一個沒有朋友也沒有敵人的人，往往是平庸的人；正像一個人沒有明顯的缺點，常常也就沒有突出的優點。交友與待人，是生活之必須，也是完善自己、提高自己的途徑。

蘇東坡一生，朋友多，敵人也不少。在坎坷的人生經歷中，他也累積了豐富的待人交友經驗，其中無不閃現出智慧的火花。

同道知己才能相樂

周公是西周初年的政治家，武王的弟弟。他曾幫助武王消滅了商。武王死後，成王年紀還小，便由周公攝政。結果他的兄弟管叔、蔡叔、霍叔等人不服，聯合武庚和東方夷族反叛。周公出師東征，平定了判亂。這時，成王已稍大，他懷疑周公有野心；大臣召公也誤信了周公篡位的謠言。周公寫詩以明志，訴說自己的處境艱難，又給召公寫信，自我辯解。

按理說，周公是功臣，功大、權大、大富大貴，但他並不快樂，也不幸福。因爲他總是遭人懷疑，受人誹謗。可見，富貴並不能換來眞正的快樂。

與周公的情形相反，孔子並不富貴，就是處在困厄之中時也仍然很快樂。據司馬遷的《史記·孔子世家》記載，孔子曾被陳、蔡的大夫們圍困在郊外，連飯都沒有吃的了；但他仍然與弟子們作歌奏樂，談笑風生。孔子說：「不是野牛，也不是老虎，卻在這曠野裡奔走，是我的道行不對？我爲什麼不受君主們的歡迎呢？」弟子顏淵回答：「這是因爲您的道行太大了，天下一般的人不能容納。不容納有什麼關係？這才更見出您是君子。」孔子會心地笑了，開玩笑說道：「假若你將來有了很多財產，我來爲你掌管吧。」

蘇東坡引用了上面兩個相反的小故事後說：周公的富貴，還不及孔子的貧賤。召公是賢德之人，管叔、蔡叔等人，都是周公的親人，連他們都不知道周公的心，誰還能與他一起分享富貴呢？孔夫子雖然貧賤，與他一起承擔貧賤的，都是天下的賢才，其樂融融，這又何嘗不是一種幸福呢？（《上梅直講書》）

一般來說，財富和權勢並不是壞東西，但它有時卻給人帶來苦惱和不幸。貧窮和微賤也不是什麼寶物，而有些人並不因爲它們的存在而減少快樂和幸福。

士遇知己而樂。同道相知能樂。而結交什麼樣的人，如何結交朋友、知己，又是大有講究的。

速成的交情靠不住

東坡生性眞率隨和，三教九流都喜歡交往。他的妻子王弗時常提醒他。王弗認爲在人際關係中對兩類人應特別保持警惕：一類是見風使舵、投入所好者。這種人說話時含含糊糊，態度模擬兩可，察言觀色，一味迎合對方的心意。另一種人是結交過於輕率者。這種人，結交人很迫切，以後不理睬人也很快。東坡承認妻子的忠言，並把它寫進《亡妻王氏墓志銘》。

常言道：烈火煉眞金，患難見知己。又說：路遙知馬力，日久識人心。與人交往，尤其是與朋友交往正是這樣。那種投其所好，盡說好聽的人未必是眞朋友；另外，速成的交情靠不住。蘇氏夫婦的這種看法確是人生經驗之談。莊子早就說過：小人之交甘若醴，君子之交淡若水。水沒有刺激的味道，但人永遠不會對它生厭。眞誠的友誼永遠不需要特別的表白。眞正的好朋友彼此好長時間不通信，他們仍然心心相映，對彼此的友情信而不疑。幾年不見，再次重逢，友情如故。

眞誠友誼的佳境是一種默契。

速成的友情、虛假的朋友，來得快，去得也快。假朋友就像自己的影子。你在光明中行走，他緊跟著你；一旦步入黑暗，他便立即離去。

交友要交心，不可不愼；待人貴在誠，寬和爲佳。秦穆公的故事又從另一角度給我們以啓示。

善待他人

秦穆公是春秋時秦國的君主。有一次，穆公一匹心愛的馬兒丟了。這匹馬跑到了岐山山腳下。村民們發現了它，但他們並不知是國君的愛馬，便把它殺了，全村人都來吃馬肉。官差到處搜尋，後來發現了這個情況，於是把全村的老百姓都抓了起來，準備重重地懲罰他們。

穆公知道這件事後，對官差的做法和打算不以爲然。他說：「一個眞正的君子絕不會爲了一個畜生去殺人的。」他還不無幽默地問官差：「我聽說吃了好的馬肉，倘若沒有好的酒喝，這會對身體有害處，是不是？」

穆公不但原諒了這些村民，還派人送給他們好酒，釋放了他們。穆公說：「看到好東西，人們忍不住要去吃，這倒可以理解。」

不用說，村民們都很感激穆公。後來，晉國攻打秦國，穆公差點兒當了俘虜，正在危難之中，那些受過恩惠的村民，自動地組成敢死隊，給穆公解了圍。

穆公失去了一匹心愛的馬兒，得到的卻是一群忠心的臣民。哪輕哪重，不言自明。

善有善報，惡有惡報。雖然這句老話並不適用於一切人、一切事，但在大多數情況下、對絕人多數人來說，種的是穀子，就不會長出稗草；栽的是鮮花，也不會冒出荆棘。

施人以恩，必有回報；但作爲施恩者來說，不求回報才是君子之德。推己及人，設身處地替別人著想，這樣便能善待他人，也惠及自身。

對待惡人與困難

世上有陽光也有霉斑，有清泉也有污水；人間有君子也有小人，有好人也有壞蛋；生活有平順也有崎嶇，有容易也有困難。

如何對待小人、惡人、坎坷、困難這些東西呢？恐怕在某些時候關鍵還在於一種精神的力量。

浩然之氣

蘇轍是蘇東坡的弟弟，也是一個很有本事的人。

蘇轍曾經給一位退伍的士兵寫過傳記，這個士兵名叫孟德。據說，孟德一個人獨自逃入華山兩年，遇見猛獸卻不爲所動，猛獸反而疑懼畏縮離去。蘇轍讚揚他有「浩然之氣」。

東坡又給弟弟的這篇小傳作了一個「書後」，對「虎畏不懼己者」加以補充。

從前，在四川萬縣、雲縣一帶多老虎。有一個白天，一個婦女把兩個小孩放在沙地上玩耍，自己在河邊洗衣服。這時，有一隻大老虎從山上奔下來，那婦女一見慌了，趕緊自己跳到水裡躲了起來。而兩個小孩不知道怕，依然若無其事地在地上玩沙。老虎站在一旁，看了他們好半天，又走上前用身體挨擦小孩，希望他們害怕，眞是「初生之犢不怕虎」，兩小孩幼稚無知，竟然一點也不感到奇怪，老虎最後終於走開了。

我們猜想，老虎吃人，一定是先用虎威來嚇倒對方；而一旦遇上不怕虎的人，虎威向哪裡去施展呢？聽說老虎不吃喝醉了酒的人，它遇上醉漢以後，必定坐在那兒守著，等待醉漢清醒過來。其實，老虎並不是等人醒，而是要等人怕。有一個人夜晚從外面回家，見大門口有個什麼東西蹲在那兒，以爲是豬或者狗什麼的，便撿起一根竹竿打它，這個動物逃走了，等到山下月光明亮的地方，才發現原來是隻老虎。這並不是人有什麼特別的力量可以戰勝老虎，而是他的氣勢已經壓服老虎了。假使人都不知害怕，都像嬰兒、醉漢和沒看清老虎的話，人不怕虎，虎反而怕人，就一點也不奇怪了。

東坡所講的這些，很有點奇異色彩，傳聞不足全信。但這些奇聞軼趣中，包含的生活道理，卻是很有啓迪意義的。假如我們把困難、危險、小人、惡人等等看作「老虎」，只要人在精神上不爲這些氣勢洶洶的「老虎」所嚇倒，就有可能戰勝它們。

常言說得好：困難像彈簧，你強它就弱，你弱它就強。事實正是這樣，困難也好，小人也好，壞蛋也好，都是欺軟怕硬。面對生活中大大小小、形形色色的「老虎」，我們確實需要有「初生之犢不怕虎」的精神，需要有不被一切困難和威脅所嚇倒的勇氣。

勇猛之志

東坡這篇小品文，可以讓世上怯懦的人陡生勇猛之志，而令「虎冠」者爲之氣沮。

山野荒林中有老虎，社會中何嘗又沒有魚肉百姓的壞家伙？街頭流氓、鄉間惡少，還有車匪路霸，不都是一些氣焰囂張的人間「老虎」嗎？人們受他們欺凌多了。常常就增生了怯弱之心，一見到他們就害怕，唯恐避之不及。他們呢，也把握了人們的這種心態，欲有所奪掠，必定先施展「虎威」。人們一開始就嚇得「靈魂出竅」，哪還有反抗的餘力？於是只好眼睜睜被「吃」。

其實，世界上的壞人也像老虎，不過那麼幾隻。要與衆人爲敵，難道就不怕被揭露、打倒？對付他們，本不該像「浣衣」之婦那樣惶恐，而應像那兩個小孩子那樣不害怕；不但不怕，還要像「夜歸」者那樣，將其看作「豬狗」，毫不手軟地「以杖擊之」。如果人們都有這種疾惡如仇、視死不懼的勇氣，則好人之浩浩蕩蕩、千軍萬馬，又何懼幾隻色厲內荏的「老虎」呢？

《老子》中說：「民不畏死，奈何以死懼之！」意思是人們如果不怕死，便沒法拿死來嚇唬他們了。面對人們「老虎」，如果人們都有一種勇猛之志，有一種不怕死的精神，那些「老虎」恐怕早成「紙老虎」了，甚至是「過街老鼠」，只剩下抱頭鼠竄的份兒了。

對人間「老虎」是這樣，對那些妖魔鬼怪是不是也該這樣呢？

不怕鬼

世上有沒有鬼神，唯物論認爲是沒有的，中國古代許多人心目中，鬼神又的確是存在的。

關於蘇東坡，至今還流傳著好幾個他與鬼神爭辯的故事，饒有趣味，也啓人思智。

有一次，蘇東坡的小孫子說看見一個賊在屋裡跑，這個賊長得又黑又瘦，穿著黑衣裳。東坡吩咐僕人搜查，結果什麼也沒有找到。後來，蘇家的奶媽忽然倒在地板上，尖聲嘶叫。東坡走過去看她，她喊道：

「我就是那個又黑又瘦穿黑衣裳的！我不是賊，我是這家的鬼。你如果想讓我離開奶媽身上，你得請個仙婆來。」

東坡很乾脆地對這個鬼說：「不，我不請。」

鬼的聲音緩和了一點，說：「大人如果一定不肯請，我也不堅持。大人能不能給我一篇禱告文，爲我祈禱？」

東坡回答：「不行。」

鬼的條件越來越低，用更爲溫和的聲音請求可不可以吃點兒肉喝點兒湯，東坡還是一口回絕。鬼被這個不怕鬼的人懾服了，只請求爲他燒點紙錢便心滿意足。東坡還是不同意。最後，鬼只要求喝一杯水。東坡吩付僕人：「給他。」喝完水之後，奶媽跌倒在地上，不久恢復了知覺。

這個傳說不是信史所記，其眞實性當然是值得懷疑的。但是，它所揭示的人生哲理是令人信服的。

倘若世上眞有什麼鬼的話，遇到鬼的人是個「膽小鬼」，那麼這個鬼就會得寸進尺，氣焰越來越囂張；若遇到鬼的人是條硬漢子，天不怕，地不怕，一身正氣，鬼自己就會成爲眞正的膽小鬼，逃之夭夭。

這大概就是人們常說的，你不怕鬼就沒有鬼，越怕鬼就越有鬼。膽大驅鬼怪，正氣定乾坤。

君子之道

君子很崇高，也很普通；君子之道很深奧，又很淺顯。只要你想做一個君子，腳踏實地地去履行君子之道，你就可以成爲君子。

具體來說，怎樣才算君子，君子怎樣待人、待己、應世、應物呢？東坡先生的看法是很有啓發的。

君子的取與予

一般說來，給予、奉獻總是要比接受、索取好些，施人以惠、予人以德總是善行。

蘇軾說：不盡然。

眞正有道德的人要做善事，不能僅僅從自身的角度來考慮，不能只想到這樣做自己方便、快適。君子要從別人那裡獲取東西，一定要考慮到別人是不是可以給我；君子要送給別人東西，也要想想對方是不是可以或樂意接受。我很想要的東西，如果別人不願意給我，是君子的話，就不要；反過來，我可以給別人的東西，但對方無意或不能接受，是君子也就不要硬塞給對方。

君子的取和予，既要考慮到自己，又要設身處地為對方著想；要拿的東西，一定要別人樂意奉送；要給的東西，一定要別人能夠接受。如果是讓自己當君子，而使別人為小人，這君子其實也就和小人差不多了。

范曄的《後漢書》上記載有這樣兩件事：東漢時期的劉愷把本該屬於自己的封地、爵祿讓給了弟弟；丁鴻裝瘋，讓弟弟接受繼承權，而友人說丁鴻這不是「義」，而是不義之舉。（《劉愷丁鴻孰賢論》）

按常情說，自願把土地、財富、爵祿讓給別人，這不是值得表揚的善德善行嗎？這不是比那些為了皇位、權勢，父子傾軋、骨肉相殘的行動好得多嗎？

東坡先生認為，不能簡單地這樣看。

劉愷把封國讓給弟弟，使他弟弟接受不該接受的東西，而自己反道矯情，盜取一時的好名聲，這有什麼值得讚揚呢？

何況，先王的制度，立長子是爲了明示一個宗旨，明宗又是以防混亂，並不是有意偏愛長子而虧待其他兒子。天子和諸侯都有太祖，他們擁有天下、擁有封國，都是從祖上繼承的，而並不是自己專有的。天子不敢拿祖上的天下隨便給人，諸侯也不敢拿祖上的封國任意送人，這是天下通行的道理。劉愷、丁鴻的封國，不也是受之於先祖嗎？繼承先祖的遺產，而把它傳給不當得的人，儘管是自己的親兄弟，這與送給路人有什麼區別呢？劉愷把封國讓給弟弟，不僅使他弟弟有非服之過，而且還壞了先王的防亂之法，輕率地處置先祖的封國，自己獨行其事，若按禮法來衡量，劉愷的罪不輕啊！

己所不欲，勿施以人

子貢問孔子：「有沒有一句可以終身奉行的話呢？」孔子回答說：「大概是『恕』罷！自己所不想要的任何事物，就不要加給別人」。

劉愷、丁鴻自己不想要封國，便送給自己的弟弟，這正是己所不欲，強施以人。

當然，生活中像帝位、封國之類的事兒畢竟是很少見的，但它給人的啓示卻是多方面的。

日常生活中有些行爲的善惡是容易分辨的。分蘋果把好的給自己，壞的差的給別人，別人當然不高興；加工資，把別人擠下來，自己弄上去，別人自然有意見；分房子，自己捷足先登，讓別人挑剩下的……如此等等，明眼人、正直人一看便來氣。這種只顧自己的人，是不會受到歡迎的。

現實中有些現象要更複雜一些。

《禮記·檀弓》上有這樣一則小故事，說的是春秋時齊國發生了飢荒，有人在路上施捨飲食，對一個飢餓的人說「嗟，來食」，飢餓的人說，我就是不吃「嗟來之食」，才到這個地步。終於不食而死。

這個施捨者在施捨給人食物的同時，也「施捨」了一種讓人討厭的東西——侮辱。接受了前者，同時也就接受了後者。這實在不是善舉。

生活中我們常常可以見到這樣的情況：當某人夫妻不和、生活受挫，或事業失敗、屢受打擊，大家都來關心、幫助；這「關心」和「幫助」就有眞有假。有人問長問短，眞正的目的是刺探隱私，滿足好奇心；有人表示出特別的同情，這「同情」不僅是爲了顯示自己的善良，還順帶炫耀了自己的幸福；有人給點小惠，表現的是自己的大度和慷慨。

其實，身處逆境，遭逢不幸的人，需要別人的理解、關心、撫慰和幫助，但那必須是眞心實意的；有時他們更需要靜靜地獨處，好好地想一下，而旁人卻像灌藥一樣地，不停地給他以憐憫、同情、施捨，而這些可能是當事者最心煩、最不願接受的。

眞正的君子，就要像東坡先生說的，既要爲自己考慮，更要替別人著想，設身處地爲別人想一想。不要爲了善而做不善之事，爲了義而行不義之舉。

非我所有，一毫不取

君子處世，待人要講一個「誠」字、一個「恕」字，設身處地，替人著想；待己要講一個「淸」字、一個「愼」字，愼獨自愛，淸廉不貪。

東坡曾說：天地之間，物各有主，如果不是我所有，即便是一毫一厘也不

取。（《前赤壁賦》）

清代的王爾烈就是這樣一個「非我所有，一毫不取」的正直之士。

王爾烈曾當過皇帝的老師。一天，他從江南主考回來，恰好逢上新皇帝嘉慶登基。皇帝召見他說：「老愛卿家境如何？」

王爾烈回答說：「幾畝薄田，一望春風一望雨；數間草房，半倉農器半倉書。」

嘉慶說：「老愛卿爲官清廉，我早知道。我派你去安徽銅山鑄錢，你去上幾年，光景就會不錯了。」

王爾烈一去三年，又奉詔回到京城。嘉慶召王爾烈上殿，說：「老愛卿，這一回可度餘年了吧？」

王爾烈回手一掏，從套袖裡掏出三個銅錢來，只見一個個磨得溜光鋥亮，原來是鑄錢時用的錢樣子，說：「臣依然是兩袖清風，一無所存。」嘉慶見此情景，十分感動地說：「卿眞是雙肩明月，兩袖清風啊！」

這正是不該自己的分毫不取，也有人是不該自己的豪奪巧取，乾隆皇帝的寵臣和珅就是這樣的。和珅不但接受賄賂，而且公開勒索；不但暗中貪污，而且明裡掠奪。地方官員獻給皇帝的貢品，他都要先挑精緻稀罕的留給自己，挑剩的再送到宮裡去。就連已送給皇帝的寶物，他也派人偷出來，據爲己有。他貪占的財物約值白銀八億兩之多，抵得上朝廷十年的收入。

乾隆帝死後，繼位的是嘉慶帝。嘉慶帝早知道和珅貪贓枉法的情況，派人把和珅逮捕起來，叫他自殺；並且派官員查抄了和珅的家產。

這正反兩個小故事，實則是耐人尋味的。兩袖清風，一身正氣，心底無私天地寬；貪心不足，巧奪無度，作惡自有報應時。

這是爲官之道，也是極普通的爲人之道。該我要的我就要，不該我的一點也不要；沒有額外的財富和權勢，自然也就不會有意外的不幸與災禍。清清白白，平平安安，生活清貧，但心裡踏實。

取不義之物，發不義之財；該要的分文不讓，不該要的又貪又佔，結果呢？隱患與財貨同增。榮華富貴一場夢，美夢醒來是黑夜。

克己與自持

保全自己是發展自己的前提。要全身遠禍，就要做到克己、自持、謙抑。蘇東坡生性剛直、快人快語，所以屢遭不幸。他從生活的挫折中總結出人生的教訓，雖不無苦衷，也確能該人思索回味。而歷史，又留給後人多少借鑑呢？

不可恃寵而驕

世人多不知審察自身實際所具的能力，只是仗著有所憑藉而逞意肆志，或者狗仗人勢，恃寵而驕；或者不識時務，胡作非為。這種人往往都逃不脫可悲的下場。

下面的兩則小故事是很耐人尋味的。

第一則叫「臨江之麋」。

唐代時臨江一帶的人喜歡打獵。有個人打獵時捕到一隻小麋鹿，於是把它養了起來。起初，獵狗們垂涎三尺，都想吃這小麋鹿。獵人就抱著它，使之接近獵狗，不要獵狗動它，慢慢地又讓小麋鹿和狗一起玩耍嬉戲。時間久了，狗與麋相處甚好。

麋鹿稍大，它幾乎忘了自己是麋鹿，還眞以爲狗都是自己的好朋友。它同狗一同嬉戲狎昵，更是無拘無束。

三年以後，這隻麋鹿離家到外面去玩，看見有一群狗在路上，便想過去和它們一起玩。這些狗一見又喜又怒，一擁而上咬死了這隻麋鹿。可憐的麋鹿至死還沒有醒悟。

第二則叫「永州某氏之鼠」。

永州有一個人生肖屬鼠。這人很怪，他很喜歡老鼠，不養貓狗，禁止家僕打鼠。因此，他家倉庫廚房，都是恣意妄行的老鼠。

老鼠們互通好消息，都來這個人家裡，飽食而無禍。這家屋裡沒有一件完好的家具，衣架上的衣服都是大洞小洞。人吃的飯大多是鼠吃剩的。白天，成群結隊的老鼠與人一起進進出出，夜晚則鬧得人無法睡覺。主人仍不厭煩。

幾年後，這家主人遷走了。後又搬來了新主人，但老鼠依然如故，恣意橫行。新主人說：這些惡物怎麼這麼猖狂呢？於是，借了五六隻貓，關門撤瓦灌洞，還用錢物獎勵僕人兜捕老鼠。一時間，殺死的老鼠堆起來像小山包一樣。

這兩則故事都是出自唐代柳宗元的一篇文章《三戒》。它很容易讓我們想到某些幹部子弟，仗著父母的功勞、權勢，胡作非爲，肆無忌憚；還有一些自以爲靠山大、椿子硬的人，不識時務，恃寵而驕，很有點不可一世。人們因礙於他們背後的權勢，敢怒而不敢言。一旦靠山坍塌，大樹倒下，那些恃寵而驕者，狗仗人勢者，便沒有好果子吃了。

蘇軾很喜歡柳宗元的《三戒》，還專門依照這篇文章，寫了一篇《二魚說》用以「自警」和勸人。

妄怒招悔，欲蓋彌彰

河裡有一種魚，取名爲豚。有一天，一條豚在河裡游耍，游到了一座橋下，不小心撞到了橋墩上，這條豚沒有立即離開。因爲橋墩碰疼了它的身子，它很惱火，張大嘴巴，魚翅都豎了起來，大有一番和橋墩爭個高低的架式。

這條魚浮上水面，怒氣沖沖，連肚子都露在外面，好久不動。這時，有一隻捕魚的水鳥看見了，飛過來刁走了這條魚。水鳥將它剖其腹，然後吃掉了。

好游而不知止，因游得太快而觸到了別的物體；不知道責怪自己，反而妄肆其憤，以至於破腹而死，實在是可悲。蘇東坡說：這就是妄怒以招悔。可是後悔已來不及了。

海裡有一種魚，名烏賊。一天，有這麼一條魚在海邊噴水。在附近的海岸上，有一隻海鳥在戲耍。這條魚本來是怕其它什麼東西看見了自己，才噴水以遮蔽自身。不料適得其反，海鳥見有噴水，便起了疑心，朝這邊一看，原來是條魚，海鳥便過來抓住了它。

海魚只知道隱蔽自己來求得自保，而不知完全消除踪跡以杜絕懷疑，結果還是被識者所窺，實在可悲呀！（《二魚說》）

本來想要掩蓋自己，結果反而更加顯露出來。欲蓋彌彰，弄巧反拙，聰明反被聰明誤。魚如此，人有時候又何嘗不是這樣呢？誇躍自己的優點，讓人看到的恰恰是缺點；一再表明自己的淸白，有時讓人看到的卻偏偏是其反面——不淸不白。叛變投敵的人，爲的是苟且偷生，而又有幾人能最終保全性命呢？

謙抑能保平安

太有智慧的人，常常沒有辦法自保；太愚蠢的人，也有做短命鬼的。然而，人生豈止是智愚致人死地?!

樹太大了容易招風，人功勞太大了可能蓋主。做臣子的，太能幹了，太勤政了，太有德行了，都常常爲君主所不容，特別是在天下太平的時候。如果臣子太得民心了，衆望所歸，君主哪會放心！如果臣子光芒四射，君主豈不暗淡無光？君臣之道、進退之術的確是大學問！漢高祖劉邦的相國蕭何就很精通這門特別的學問。

蕭何在劉邦論功行賞時，被列爲第一，許多將軍都不服氣。劉邦舉獵狗和獵人的比喻，認爲獵狗在前面搏擊野獸，須在獵人在後面操縱指揮；戰將的功勞好比是獵狗，蕭何的功勞則好比是獵人。

蕭何當了宰相，一人之下，萬人之上，但他功高而謙抑，非常謹慎。他官拜宰相的消息出後，不少人都登門向他道賀，唯有一個叫召平的人提醒蕭何：

你的災禍可能會從此發生。現下皇上離開京城，率兵打仗去了，增封你為宰相，掌管護衛兵，一方面是為了討好你；另一方面也是為了警戒你。如果你現在辭退增封，獻出自己的財產作軍費，皇上一定會很高興，也會減少心中的疑慮。

蕭何仔細一想，覺得很有道理。於是，他照著召平的建議去做，把自己的子弟送到軍中隨劉邦作戰，又把自家的資財捐輸前方做軍費，高祖果然很高興。

黥布叛變的時候，高祖也是帶兵親自去討伐。留在後方的蕭何則全力撫慰百姓，鞏固民心，有人見他這樣投入，勤勤懇懇，非常擔心，就勸他說：

相國小心一家人遭殺身之禍啊！自從你入關十多年來，收攬民心，人們打心眼裡敬重你，陛下知道你是眾望所歸，所以常常派人打聽你的動向，唯恐你忘恩負義背叛他。你如果想保全家人的性命，從今天開始就要破壞形象，把聲望壓下來，才能讓陛下安心。

蕭何細一思量，覺得眞是這麼回事，便沒收百姓土地，擾民、亂民，使百姓怨聲載道，蕭何的威信當然也下降了。更妙的是，蕭何還故意在小事情上斤斤計較，貪圖小利，使劉邦看他胸無大志而放心。

劉邦好殺功臣，蕭何總算善終，他可說是很精通儒家勤政、黃老謙抑的竅門了。這其中又該有多少戰戰兢兢、無可奈何的苦惱！

生活中，人們對一些現象感到迷惑不解：平庸之輩、碌碌無爲之人，常能當官，且一升再升，躊躇滿志；才華卓絕的人往往受壓抑，常無用武之地。這其中的奧妙實際上很簡單。一個愚蠢的上司，絕不希望他的下級太聰明、能幹。屬下越聰明，越能反襯出自己的愚蠢，屬下越幹練，越發讓人見出自己的無能。聰明能幹的人既難以駕馭，又有奪位之嫌，何不把他死死壓住，根本不讓他出頭呢？即便是有能力的領導，也怕下屬比自己更能幹，超過自己。這大概就是所謂唯才是舉、任人爲賢難以眞正實現的隱秘原因吧。現實中，倒是那些表面上憨厚老實，實際上有點兒本事，而又能裝糊塗，深藏不露的人，多有被重用的可能，這種人也算是精於謙抑之道了。

保全自己

陽光下尚且有陰謀，生活中難免有陷阱。聰明的人，明察秋毫，審時度勢，知道如何去全身避害；愚蠢的人，往往昧於形勢，甚至自投羅網。

中國古代，儒家講「兼濟天下」，這是進取；道家講「獨善其身」，這是自保。舊時代有多少發人深省的歷史教訓，足以戒鑑後世！

烏鴉的悲劇

東坡秉性天眞，原以爲世上沒有不好的人，但殘酷的政治迫害使他不得不改變這一看法。他通過一則烏鴉被誘捕的寓言，說明人們最容易被僞裝所迷惑。

寓言的內容是這樣的：

烏鴉是非常狡猾的動物，它通過窺探人說話聲音的差異和變化，決定是去還是留；即便是銜它飛快射來的箭和彈子，也很難佔到什麼便宜。

福建一帶的人熟悉烏鴉的習性。他們認爲，凡是動物，只要你眞正了解了它的習性，捕獲它就不是件什麼難事。

道高一尺，魔高一丈，福建人捕烏鴉可眞是有辦法。捕烏鴉的人來到郊野，帶著紙錢，用瓦罐兒盛著飯，在墳墓間假哭，就像是祭祀死者一樣的。哭完了，便撒些紙錢在墳前，放些飯在這兒，然後離開。烏鴉紛紛飛來，爭著啄吃墳前的飯；待烏鴉吃完了，「哭者」又來到另一座墳墓前，撒錢棄飯，與前次一個樣兒。這樣反覆幾次，烏鴉便一點兒也不懷疑其中有什麼陰謀了，又吃又叫，爭搶的更加歡喜了，假祭墓者這樣再三再四地佯哭，烏鴉便都飛著跟隨那個「哭者」。待到烏鴉完全放鬆了警惕，並逐漸與人開始親近時，「哭者」出其不意撒下羅網，一舉把這些烏鴉都捕獲了。（《烏說》）

烏鴉不能說不精明、不狡猾，警惕性也還算高，但終於被更爲狡猾的人騙了。它的悲劇在於上當受騙。人雖說很聰明，不也同樣有上當受騙的時候嗎？

愚智皆有不幸

生性狡猾的烏鴉，終於落網。人又何嘗沒有自投羅網的時候呢?!常言說：明槍易擋，暗箭難防。尤其是當這「箭」，以非箭的面貌出現時，人們更是容易被射中了。

東坡說：現在的人啊，自以爲有足夠的智慧來保全自己的身體，殊不知，也許在你身邊就埋伏著災禍的種子呢。像烏鴉一樣，有幾個人能不上假哭者的當呢?生性聰明的人尚且是這樣，那些不懂得保全自己的人，則常常死在愚蠢上；即使有點小機巧，也還不如烏鴉在開始時對於彈弓能夠提高警惕，使其歸於無用。

歷史留下了多少讓人驚醒的教訓呀！

我們在這裡講講韓非。韓非說話有點結巴，但很有思想、有智謀，筆頭功夫不錯。他和李斯（後來是秦始皇的宰相）都是荀子的學生。李斯自己認爲比不上韓非。

秦始皇讀了韓非的書，非常佩服他的才識，說：「我要是能見到這個人，與他交遊，死也不遺憾了。」始皇後來得到了韓非。李斯等人因妒嫉，怕韓非壓住了自己，便設法詆毀、陷害韓非。等到始皇醒悟時，韓非已被毒死了。

東坡說，韓非死於秦國，天下人都哀嘆他的死，他是太有智慧了才死的呀！與韓非相反，也有人是因爲愚蠢而掉腦袋的。

項羽佔領秦國國都咸陽以後，不思深謀遠慮，樹立好形象，反而大肆焚掠，放棄關中的戰略要地，仍然回到江東。他認爲富貴不歸故鄉，就好像人穿了好衣服在晚上行走。他的一位朋友批評他說：「人們說楚人像獮猴戴帽子，虛有其表，眞是這樣啊！」楚霸王項羽一聽，大爲氣憤，把朋友烹死了。

其實，韓非早寫過一篇文章，題目叫《說難》，專門講遊說君主的種種困難。項羽的這位說客朋友不知道《說難》，而直指項羽爲獮猴，天下人都哀嘆他因愚蠢而被殺死。

韓非與說客，一個睿智，一個愚蠢，這當然有很大區別；但這兩人的死因又有相同之處，那就是都不善於韜光養晦，保身遠禍。愚蠢的人最好閉起嘴巴，要知道禍從口出；聰明的人也要懂得「沈默是金」，藏而不露，見機行事。須知：愚智皆有不幸。

觀時而動，禍方不及

在世人的心目中，明哲保身，全身避害，似乎只是道家的活命哲學。其實儒家執著人生，積極用世的背面就是：高蹈遠引，獨善其身。孔子處世就採用這種明智的態度，他曾反覆申述自己的觀點：

天下太平，就出來工作；不太平，就隱居。政治清明，自己貧賤，是恥辱；政治黑暗，自己富貴，也是恥辱。（《論語·泰伯》）

倘若主張行不通了，我想坐個小木筏到海外去。（《論語·公治長》）

政治清明就出來做官，政治黑暗就可以把自己的本領收藏起來。（《論語·衛靈公》）

人生的經驗和教訓，使東坡對孔子的立身恆言產生了共鳴。

東坡在《烏說》中引述了孔子的話：

寧武子（衛國的大夫）在國家太平時節，便聰明；在國家昏暗時節，便裝傻。他那聰明，別人趕得上；那裝傻，別人就趕不上了。（《論語·公治長》）

東坡說，人們若能像寧武子那樣，觀察時機而行動，災禍哪裡會惹上呢？西漢時也有一個能觀時而動，全身遠禍的人。這個人叫陳平，是漢高祖劉邦的重臣。

高祖死後，呂后專權。呂後是個很殘忍的女人，把劉邦的幾個兒子都處死了，除掉劉氏諸王，以呂氏一族統治天下，凡是反對者，一律肅清。

陳平為了保身，只好表示贊同呂后的想法和作法。雖然心中不滿，表面上仍顯得很聽從呂后的意見。他知道稍有不慎，就會惹來殺身之禍。

呂后看到陳平順從，漸漸對他放心了，還把他由左丞相升為右丞相。就是這樣，陳平也還不敢稍懈戒心。他故意怠慢重要的政務，天天沈溺在酒色之中。這種奢靡腐爛的生活，與他過去精幹瀟脫的作風，大不一樣。這對呂氏來說，當然是高興的事。只要陳平這樣不問政事，荒淫放蕩，她就可以完全放心了。

陳平裝痴裝傻，只求保住性命，一心一意等待時機。呂后一死，他便果斷地站出來，支持太尉周勃將軍將呂氏一族，殺的殺，抓的抓，趕的趕，政權又重新回到了劉家手中。如果不是陳平的忍辱偷生和深謀遠慮，一般人是難以辦到這件事的。

有時候，當人們身處逆境，或遭逢不幸，掙扎往往是徒勞的。環境異常險惡，對方過於強人，愈掙扎，情形可能愈糟。這個時候，除了靜靜地等待時機以外，沒有更好的辦法。當然，任何時候、任何環境下，都不可喪失信心，放棄希望。

觀時而動，耐心等待，也許不需多久，眼前就會出現希望的曙光。

有功不居

老子曾說過，天地任憑萬物生長變化，不去管它；生養了萬物不佔爲己有，推動了萬物而不圖報答；聖人事業成功了但不誇耀，正因爲不誇耀，所以他的

功績永不失掉！（《老子》二章）

後人從這段智慧之言中提煉出「功成不居」這個成語，用以形容立了功而仍像未立功一樣，平靜，安份。事實上，居功無錯，但居功自傲，那就不好了！

從來有居功自傲的人，也有功成不居的人。對待功勞的人不同態度，使有功者遭遇、命運各不相同。

韓信為漢高祖立下了汗馬功勞，爭得天下，結果落得一個「鳥死弓藏，兔死狗烹」的下場，被呂后誘殺於長安長樂宮鐘室，誅連三族，成為中國歷史上千古的悲劇。他短暫的一生，有說不完的轟轟烈烈；但最後的死，又有道不盡的恓恓惶惶。韓信之死，固然有一些偶然和必然的原因，但有一點是最根本的，就是他太有將略，少知韜晦，簡而言之，未免居功太執著了些。

與韓信的結局相反，謀臣張良善始而又善終。張良是難得的謀略天才，替劉邦運籌策劃，常在戰局緊要關頭，或出奇制勝，或轉危為安。史書上說他生來體弱多病，外貌像女人樣，通曉黃老之術，所以對名利比較淡薄。

漢朝統一天下後，高祖封賞重臣。高祖對張良說：「你的功勞豐偉，朕要賞你齊地的三萬戶。」

張良卻答道：「我是在留這個地方與陛下碰面的，這是老天爺要把我賜給陛下，陛下又在適當的時機採納我的計謀，陛下如果封臣到留地，臣就十分滿意了。三萬戶的封地，對我的身份實在是太過了。」

就這樣，張良只揀了留城僻小的地方受封，高祖心裡自然很滿意。

張良又說：「我憑著三寸不爛之舌，爲帝王軍師，賜邑萬戶，還封爲諸侯，這對我這個過去一無所有的平民來說，已是多餘的榮耀。現在我只想捨棄人世的煩囂，像仙人那樣暢遊天下。」

張良話說得謙遜，但更根本的原因在於他深諳王者之心，功名之弊。功勞既可給人權勢、榮譽、財富，也可給人不幸和災難。他功成不居，志在仙道，終得安享晚年。

如此說來，有功當然是好事，但如果居功自傲，好事就變成壞事。更不要說自恃功高目中無人，貪心不足，勢必會爭權奪利，慾望膨脹。這樣，人與人之間就會出現矛盾，互相傾軋。這種時候，尤其是當君臣矛盾激化的時候，功臣的末日也許就不遠了。

像張良那樣，既化解了矛盾，更保全了自己，從而也將能更自由地操縱個人的命運。

功成身退

裝糊塗、裝傻是保全自身的一個法子，隱退是全身遠禍的另一個法子。這後一個法子更徹底、也能更有效地自保平安。所謂見好就收、急流勇退、功成身退，便是一種明智的生存方法。

東坡先生自己生性執拗，不肯拐彎兒；在那個時代，他的處世並不算成功。也可能是挫折太多，他常動腦筋想想古人的處世之道。在一篇題爲《論范蠡》的文章中，東坡就談過范蠡功成身退的事兒。

春秋時期，吳國打敗了越國。越王勾踐爲了報仇雪恨，曾臥薪嚐膽，這在後來一直傳爲佳話。越國有兩個很能幹的大夫，一個叫范蠡，一個叫文種。這二人爲了越國的復國和強盛，都立下了汗馬功勞。

勾踐滅了吳國以後得勝回國，開了個慶功大會，大賞功臣，可就少了范蠡。傳說，他帶著西施，隱姓埋名跑到別國去了。

范蠡走前，留給文種一封信，說：「飛鳥打光了，好的弓箭該收藏起來；兔子打完了，就輪到把獵狗燒來吃了。越王這個人，可以跟他共患難，不可以共安樂，您還是趕快走吧。」

文種不信。有一天，勾踐派人給他送來一口劍。文種一看，正是當年吳王夫差叫伍子胥自殺的那口寶劍。文種後悔沒聽范蠡的話，只好自殺了。

這兩個人的不同結局，正好驗應了老子的預言：

保持得盈滿，不如停止下來。鍛擊得很銳利，不可長久保存。金玉堆滿堂中，沒有人能守住。得到富貴而驕傲，就給自己帶來災殃。功業完成引身而退，這是合乎自然規律的。（《老子》九章）

功成身退在春秋戰國那樣的時代，似乎是一種沒有選擇的選擇，今天看來當然不免消極和保守，它往往使人失去進取向上的精神，滿足現狀，甚至得過且過，碌碌無爲。但是，我們也要想到古人自有古人的苦衷；即便是在當代，人生有進有退，當進則進，當退則退，善於在特殊的環境中把握機會，見好就收，這也是高明之舉。功成身退是一種退守策略。拳頭收回來，還可以再打出去。

上面說的功成身退還只是政治上的，是全身遠禍的一種方法。實際上，功成身退表現在人生的各個方面，有時候的確是非常必要的。一個人正處於事業和榮譽的頂峰，這時候勇敢地退下來，個人需要勇氣，世人常常遺憾。正處於巔峰狀態的運動員、紅得發紫的演員，退下來意味著將失去許多許多。但要知道，自然規律不可抗拒，比如運動員，年齡是不饒人的，運動生命畢竟有限。與其山窮水盡，一落千丈的時候，再無可奈何地退隱，還不如趁早果斷地告別昔日的輝煌，去開創新的人生境界。一個運動員可以去當教練，可以去學運動理論，當專家，也可以去做實業，或者從政，總之，是在適合自己發展的新領域中再一試身手，搏擊人生。這種激流勇退不是也很有意義嗎？當然，這種功成身退，不只是保全自身，而重要之處是在求發展、求進取。

大將風度

看一個人是小家子氣，還是大將風度，在困難中，在逆境中，在榮辱、禍福、生死的考驗中，最能見出分曉。

眞正有大將風度的人，必然能履險如平地，處變不驚，砍頭只當風吹帽。

烈火中見眞金，困厄中出英雄。

履險如平地

生活並不總是一帆風順。

農民有水旱之災，商人生意蝕本，工人常怕解雇，做官則宦海無常……

道理人人都懂，但遇上不順心的事情、身處艱難，並不是人人都能泰然處之，應付自如。

蘇東坡的人生思想，則能給身處逆境的人們以有益的啓示。

東坡被貶謫到黃州的時候，自己開荒種地，這對一個昔日官位顯赫、生活優裕的士大夫來說不是件容易事兒。有一年，東坡收了二十多石大麥，賣掉吧，價錢又太便宜，而這時大米又吃完了，東坡便讓人把大麥舂了做飯吃。大麥是粗糧，用它做的飯嚼起來嘖嘖有聲。小孩們相互調笑，說是嚼虱子。飯的味道是甘酸浮滑。有一天，東坡讓廚子將大麥摻和小紅豆做飯，結果很有味。蘇夫人大笑說：「這眞是新樣二紅飯。」（《二紅飯》）

這小事一樁，蘇東坡把它記了下來，且寫得情趣盎然。

隨遇而安，觸處皆春，人生的困境與苦難也許就不那麼可怕了。

東坡晚年被貶到蠻荒的惠州，這裡市井蕭條，但還是每天都要殺一隻羊。東坡一向愛吃肉，常去買羊肉。他自然不跟走紅的官家攀比。買肉時，便讓屠戶砍一塊脊骨。東坡說：這骨頭間也有一點肉，把它煮熟了趁熱濾乾撈出，然後把它泡在酒中，放少許鹽，烤到稍微發焦吃它。抉剔一天，在筋骨結合之處，剔得一點點肉，就像吃蟹螯，很有意思。東坡最後開玩笑說：如果人們都照我的辦法去

吃羊骨頭，狗就吃不上骨頭了，它恐怕會不高興吧？（《與子由弟書》）

在艱難困苦中還能保持達觀與幽默，在人生的逆境中，仍不失輕鬆和愉快，只有透悟了人生的人才能達到這種境界。人，如果怕失去高官厚祿，總企慕榮華富貴，一旦遇上險境，心存畏懼，便會戰戰兢兢，如履薄冰。倘若一個人無所求，也不怕丟失什麼，視功名如浮雲，視金錢如糞土，即便身陷困境，也能怡然自樂。哪裡水土不養人，哪裡黃土又不埋人呢？勘破人生，怎麼活不就是一輩子！

處變不驚

世事變化迷離，人有旦夕禍福。有時有意想不到的好運，有時又有忽然來臨的災難；做官的，不求聞達自至，不期蹭蹬而蹭蹬降臨。

處變能不驚，臨危能不懼，履險如夷，把生死禍福榮辱置之度外，這就是一種曠達的胸襟。

蘇東坡在湖州當太守時，因寫詩而獲罪，其實完全是莫須有的罪名。御史台的屬吏到湖州逮捕東坡。面對這飛來的橫禍，蘇夫人和小孩都嚇壞了，一起痛哭流涕，送東坡出門。這時，蘇東坡笑著給夫人講了一個故事來安撫她。東坡說：

宋眞宗的時候，皇帝遍訪天下的隱士，想從中得一些人才。有人把楊樸推薦給皇帝，說他詩寫得很好。皇帝派人把他找來，問：聽說你的詩寫得不錯。楊樸說那是別人瞎說，我哪會作詩。皇帝還想套他，便問：你臨走時有沒有朋友給你作詩送行？楊樸回答：沒有。倒是我的老妻寫了一首絕句：「且休落魄貪杯酒，更莫猖狂愛咏詩。今日捉將官裡去，這回斷送老頭皮。」皇帝聽後忍不住笑了，知道楊樸無心做官，便放他回山裡去了。

講完這個故事，東坡對妻子說：你不能像楊僕的妻子那樣，也寫一首詩送我？

夫人聽了，不覺破涕爲笑。（《題楊樸妻詩》）

這是一則帶著幾分苦澀的幽默，它表現的是東坡臨危不懼、處變不驚的大將風度。

生活中有種種磨難和災禍，要說最嚴重的，莫過於生死之關了。一個人，如果站在死亡的門檻上，仍能靜定自若，談笑就死，那該是怎樣的超拔和曠達啊！

一個人徹悟了生與死，便可免於名利的紛擾，處窮困能安於窮困，遭逢不幸能應對自若。東坡十分推崇的陶淵明也是一個能深明生命至理的人。在陶淵明看來，個人的生死只不過是自然的遷化，現實的升降沈浮當然就不繫於心了。生死況且不能擾亂心境的平靜，還有什麼人生的打擊受不了呢？窮得連衣食都無著落的陶潛，盛夏偏又遭火災，把房子燒了個精光，但他面對這突然飛來的橫禍，處之恬然，像往常一樣「且遂灌我園」。連生命都將歸於自然大化，區區窮巷中的幾間破屋失火又算得了什麼呢！古人說他於死生禍福之際，平日看得雪亮，臨時方能處之泰然，處變如常，有惡而安，有憂而解。這都是因爲心中有主宰，不爲外物所牽。

視死如歸

死亡，是人生的一塊試金石。

宋明帝詔答王景文，其中有一段談生死禍福的話頗爲通達：

人活在世上，有心想避禍，還不如無心而任運。天要下雨，娘要嫁人，該怎麼辦就怎麼辦吧！千仞高的參天古樹，會被斧頭砍倒；而一寸長的小草，又免不了被人畜踐踏的命運。晉國的將軍畢萬，勇敢善戰，七次大仗都打勝了，卻偏偏死在自家的窗戶前；蜀國的將軍費禕，從容坐談，結果被刺客殺了。人啊，遇到危險，泰然處之，任其自然，這樣災禍未必眞正發生；如果一門心思保命求安，未必眞有福運。

東坡說：這話可算是達者之言了。

然而，宋明帝卻偏偏殺了王景文，實在是悲哀啊！

明帝爲什麼要殺景文呢？詔書上說：不是說你有罪，但我不能一個人去死，請你先行一步。

皇帝要死了，便找個墊底的，實屬荒謬和殘酷。

詔書下時，景文正在與客人下圍棋；他看了詔書先放在一邊，繼續下完棋；然後慢慢地將棋子裝到盒子裡，不慌不忙地對客人說：「皇帝有詔書，要賜我一死。」毒酒到了，還沒飲，這時門生焦度在旁邊，取過酒要倒掉，並說：「大丈夫怎麼能坐著受死呢?!州中的文臣武將，可以起來奮力一拚。」王景文說：「你的一片至誠我心領了，如果真的念記我，就請你在我死後關照一下我家老小。」說完，他接過酒，對客人說：「這酒不能勸你喝了。」於是，仰起脖子，把酒一飲而盡。

東坡說：死生是大事，王景文臨死而安然處之，他能是一個貪權竊國者嗎？明帝可說是不知人呀！（《宋殺王彧》）

對於生死，東坡在黃州時曾說：

我雖又老又窮了，但道理貫心肝，忠義塡骨髓，對死和生的問題，應該一笑置之，不必介意，若遇到窮困就憂心鬱結，那就和不學道的人差不多了。（《與李公擇書》）

東坡也可謂眞正的達者了。

智慧篇

小勇與大勇

勇敢是一種美德。

有眞勇敢，有假勇敢；有大勇敢，有小勇敢。有些東西看似勇敢，實際上不是；有些東西看似怯懦，卻偏偏是勇敢。

這個題目可以細細地談一下。

匹夫之勇

勇敢，是一種人人稱讚的美德。但勇卻有眞勇、蠻勇、君子之勇與匹夫之勇的區分。

《水滸傳》第十二回上有個故事，叫《汴京城楊志賣刀》。這楊志是水滸一百單八將中的一個重要角兒。

故事講的是楊志在京城裡面花光了錢，衣食無著，只好把祖傳的寶刀拿到市井上去賣。沒想到，碰到一個外號叫「沒毛大蟲（大蟲即老虎）」的臭無賴牛二。這個牛二一向胡作非爲，沒人敢惹他。牛二看中了楊志的寶刀，又沒有錢買，便無理糾纏起來。他問楊志，爲什麼叫寶刀？楊志一一說了刀的特點：砍銅剁鐵，刀口不捲，吹毛得過；鋒利無比，殺人刀上沒血。牛二不信，楊志便當場試驗。先是剁一摞銅錢，從上到下一劈兩半；又拿一把頭髮，對著刀口用力一吹，頭髮都斷成兩截、紛紛飄落。牛二還要看刀不沾血，楊志說可以找條狗來試試。喝得半醉的牛二存心耍無賴，非要楊志殺人試試不可，並向楊志大喊大叫：「你要是條好漢子，就剁我一刀！」這牛二還動手動腳，打了楊志。楊志見牛二欺人太甚，一時性起，朝他嗓子根上捅了一刀，把他捅倒了，又趕上去，往胸脯上連捅幾刀，把牛二殺死了。

楊志這一舉動算不算勇敢？一般來說也算。但和一個街頭流氓無賴爭氣鬥狠，雖說「勇敢」了一回，卻被關進了死牢。要不是朋友相救，便會活活丟了性命。倘使這樣，一條英雄命換個無賴命，實足可惜。

楊志當然是英雄，是豪傑，但他手刃牛二之舉，實在只能說是蠻勇、匹夫之勇。這只要和韓信受胯下之辱一比較，就見出高低了。

孔子說，赤手空拳鬥老虎，不用船只渡大河，冒險蠻幹，死而不悔悟的人，我不和他在一起。

匹夫之勇，成事不足，敗事而有餘。這種勇敢還不能說是眞正的勇敢；即便算，也只是小勇敢，而不是大智大勇。

忍，天下之大勇

談大勇，我們就接著談韓信了。

《史記·淮陰侯列傳》上記載，韓信年輕時，家裡很窮，自己不會謀生，時常四處飄流，向人討飯吃。一天，韓信在街上逛，被一個殺豬佬的兒子瞧見了。這小子看韓信貧寒的樣子，就存心欺侮人。他來到韓信面前，故意挑釁地說：「你這麼大的個子，腰裡還挎著刀啊劍的，有多大能耐！我看你是表面上強壯，實際上虛弱，膽子沒有兔子大！」這小子一吵吵，很多人圍上來看熱鬧，他就更來勁了。他當衆侮辱韓信說：「你有本事，不怕死，就用你那寶貝劍把我殺了；

若膽小怕死，就從我胯下鑽過去！」說著，還眞的叉開雙腿，露出一副街頭小流氓的無賴相。韓信看看這小子，搖搖頭，嘆口氣，就俯下身子，從他的胯下爬了過去。圍觀的人哄堂大笑，都以爲韓信是膽小鬼。

後來，韓信受到劉邦重用，拜爲大將軍，帶領千軍萬馬向北進攻。在和趙王的決戰中，韓信只有幾萬人，而趙王有二十萬人馬。但韓信毫無懼色，背水一戰，結果把敵人打得大敗，滅了趙國。韓信屢建戰功，被劉邦先封爲齊王，又封爲楚王。路過家鄉時，韓信派人把那個殺豬佬的兒子找來，那小子嚇得戰戰兢兢，以爲非死不可。韓信不是沒殺他，還給了他一個小官。並且對手下的將官說：「我不但現在可以殺這個人，當年我也可以殺死他。但我想，殺了他我就要償命，怎麼建立大丈夫的功業呢?不能因小失大。所以就忍下這口氣。不然，怎麼有今天呢？」

小不忍，則亂大謀。君子報仇，十年不晚。這是古代多少人的人生經驗的概括。韓信忍小辱而最後成大志。對於一個血氣方剛的人來說，隱忍，有時並不是膽小、怯懦。隱忍，既要戰勝自我，消除受辱時的復仇心理，又要戰勝別人，不顧世俗的欺視，這又何嘗不是一種勇敢呢？忍，是天下的大勇敢。

上帝要毀滅一個人，必先使他瘋狂。一個人除非先控制了自己，否則他將無法控制別人；能戰勝自我的人，才有可能克敵制勝。

忍小憤可成大謀

對於「忍」，蘇東坡很有一番見地。一〇六一年，他曾寫過一篇文章，題目叫《留侯論》。留侯即前面提過的漢朝開國大臣張良，後來被劉邦封於留，因此稱留侯。東坡認為，張良成功的關鍵在一個「忍」字。

張良起初也不能忍。他為了報秦滅韓國之仇，在秦始皇東巡到博浪沙時，派刺客用鐵椎擊殺始皇，沒有獲得成功。張良隱姓埋名逃亡到下邳（今江蘇睢寧北一帶）。

張良曾漫遊到下邳的一座橋上，遇到一位老人。老人故意把鞋扔到橋下，讓張良撿來給他穿上，張良照辦了。老人說：「孺子可教矣」，約張良五天後一早來見。但張良前兩次都比老人遲到，受到老人責備。第三次提前於半夜等在橋上，老人非常高興，送給他一部《太公兵法》，告訴他：「讀這部書就可以當君王的軍師。」

這位神秘的老人實際上是隱居的高士。他認為張良才幹有餘，但度量還不夠，於是想狠狠地折一下這年輕人的少年剛銳之氣，使他能忍小憤而成大謀。老人前面的行動就是出於這一目的。

因為知忍，便知權變，那麼，在不利的形勢下就會以退為進，坐等轉機。

當時劉邦被圍困在滎陽，形勢危急。這時韓信消滅了齊，便派使者向劉邦請求立為假王。劉邦大怒，罵韓信乘機要挾，張良馬上踩劉邦的腳，並耳語提醒他不能得罪韓信。劉邦也醒悟了，馬上改口說：「大丈夫平定諸侯，應當眞王，何必當什麼假王！」於是派張良前去冊立韓信為齊王。

可以想見，劉邦如果這時不忍，韓信反叛，內外夾擊，後果將不堪設想。所以蘇東坡說，不是張良，誰能保全漢室呢？

忍，有賴毅力，更有賴於志向。一向胸懷寬廣、目標遠大的人，暫時的委屈、打擊是不會耿耿於心，伺機報復的。鴻鵠志在千里，大可不必與矮檐下的麻雀一般見識，一比勝負。

忍的功夫

忍，需要毅力，需要功夫。

忍痛，忍小痛沒什麼，忍大痛就很難；

忍辱也一樣。

蘇東坡說：忍痛還容易，忍癢卻非常困難。

劉邦的忍，可以說是很有功夫了。鴻門之宴，他甘受項羽盛氣的屈辱，這其中一面是詐，一面是忍的功夫。

彭城一戰，劉邦被項羽打得大敗，連父親太公和妻子呂氏都被俘虜了。當兩軍在廣武對峙的時候，項羽在陣前置了一口大鍋，裡面裝滿了水，燒得滾燙；太公被剝光了衣服，五花大綁著。項羽恐嚇劉邦，如果再不投降，就把太公烹了。面對如此嚴峻的考驗，劉邦泰然地說：「當初我們兩個一同跟隨楚懷王，你我有兄弟之約，我的父親就是你的父親，你今天要把我們兄弟倆的父親烹了，到時別忘了分一碗湯給我。」項羽沒有想到劉邦竟然如此忍心，便聽從項伯的勸告，饒了太公。

劉邦在廣武受了箭傷，張良恐怕因此而動搖軍心，硬是請劉邦扶傷起行，到各處去慰勞士卒，以表示自己安然無恙，這也是忍的功夫。

這種忍，當然主要是政治家的意志和謀略。而尋常百姓又何嘗不需要忍的功夫呢？「文革」時期，不少知識分子受到迫害，對於莫須有的罪名，對於非人的折磨，抗爭是沒有用的。有的人則以極大的毅力忍辱負重，在異常艱難的環境和條件下，讀書、學習、思考和研究，有人甚至在牢房的鐵窗裡，在大腦中「寫」下有價值的學術著作。這種忍的功夫，這種精神的偉力是驚人的，其作用小可全身，大可興國。

道可致而不可求

天空如洗，遠山如黛。

世界是那樣明白，又是那樣幽玄。

天有天道，地有地道，人也有人道。

道是什麼？道在何方？何以致其道？

道的含義

道，本來的意義就是路。道路道路，道就是路，路也就是道。

然而，中國古人每每談「道」，含義就不止於路了。春秋時代，子產提出「天道遠，人道近」，「天道」是天體運行的規律，「人道」呢，則是指做人的準則。孔子少談天道，主要講人道，他曾說過「君子學道則愛人」之類的話。老莊是道家的祖宗，也是談「道」的專家；他們說道是天地萬物的本原，「道生一，一生二，二生三，三生萬物」，但這個道又玄虛微妙，憑人的經驗很難把握。戰國的韓非子，說道是自然界自身的規律；漢代的大儒董仲舒則用道來界定封建倫理綱常；而魏晉時候的佛學家又用道來藉指佛教的道理。

在古人眼中，天由道而生，地由道而成，人、物也是由道而成。道，是規律，是原則，是準則，是宇宙的本原；是人生觀，倫理觀，是政治理想。

道是這些，又遠遠不止這些；道是自然哲學，更是社會哲學、人生哲學。打仗有用兵之道，讀書窮理有治學之道，武有武道，文有文道；做官的講爲官之道，經商的有經商之道，。可見，道是原則，是規律，又是方法，是技巧，是途徑，是境界。

然而，道還不止於此。莊子講，聖人說出來的，往往只是道的皮毛，而道的精髓，是難以言喻的；蘇東坡說，按別人教的方法去潛水，弄不好就淹死。這樣看來。道有點玄，但生活中的確如此。馬謖把兵書念得滾瓜爛熟，連諸葛亮都相信他精通用兵之道，結果是打起仗來敗得一塌糊塗；斛律金是北方草原上的一介武夫，斗大的字兒認不了幾個，但他信口開河吟出的「天蒼蒼，野茫茫，風吹草低見牛羊」的千古絕唱，曾讓多少古今才子扼腕嘆息！按別人的養生之道，未必能健康長壽；把西方的經商之道搬到中國，生意也未必能熾盛。

道不是死的，不是機械，不是教條；道是對技巧的靈活把握，對規律的會心體悟，對境界的出神入化的創造。

道是精靈，如空氣彌漫，看不見摸不著卻時時讓你感覺到它的存在和力量；道又非常普通，隨時隨地都可能出現。

道可致而不可求

蘇東坡也常常談「道」。他是一個對社會、對人生有自己獨到見地的人。做人，他有自己的一套做人之道；當官，他有自己為官之道；寫詩，他有自己的文道；養生，他也有養生之道。

東坡的思想比較複雜，儒、道、佛雜融，但以儒家為主，而道家思想對他也很有影響。我以為，東坡談「道」，更近於老莊。他說的道，大多是指自然的規律、生活的規律，以及人們對這種規律的深刻體悟和捕捉。自然規律與人的本性高度融合，這就是道的境界。

東坡有一個思想：道可致而不可求。意思和我們常提到的「可遇而不可求」相仿佛。東坡認爲：道只可讓它自然而至，不可強求。

東坡用太陽作比方，來闡發自己的思想。

天生的瞎子不知道太陽是什麼樣兒，就去問明眼人。有人告訴他說：太陽的形狀就像個大銅盤。瞎子使盡兒敲銅盤，記住了它的響聲。後來有一天他聽到鐘聲，這聲音和敲銅盤聲差不多，他便以爲鐘就是太陽。又有人告訴他說：太陽的光就跟蠟燭光差不多。他摸到一根蠟燭，又記住了它的外形。過了幾天，他摸到一根笛子，以爲這就是太陽了。

太陽與鐘、與笛子的差別當然是很大的，但瞎子因爲看不見而求之於人，終於沒能弄清它們的差異。「道」，就其難見的程度來看，遠遠超過了太陽，人還沒有明白它時，無異於一個瞎子。眞正的悟道者來告知，雖然有巧妙的比喻和高明的指點，但恐怕也難以超過用盤子和燭光來比喻太陽。任何巧妙的比喻可說都是蹩腳的。從銅盤到鐘，又從蠟燭到笛子，這樣一個比喻連著一個比喻地輾轉相比，豈不是沒完沒了嗎？

所以，一般談論「道」的人，或是只就他所見的那一部分而稱之爲「道」，或是根本未曾看見「道」而只憑主觀的臆測，這都是硬求「道」的弊病。那麼，是不是說「道」就不可求呢？在我看來，正是這樣，道可致而不可求。什麼是致呢？孫武說：善於打仗的人使別人不自覺地落入自己的羅網，而不使自己被別人牽致。（《日喩》）

人生的眞諦、人生的境界有時確是這樣：當你刻意追尋、孜孜以求時，偏偏是南轅北轍，越離越遠；有時順其自然，常可不期至而至。

踏破鐵鞋無覓處，得來全不費功夫。人對道的體悟，也正是這樣。

學以致其道

孔子的弟子子夏說：工匠們只有住在自己的工場，才能把活幹好；君子只要不斷地學習，就能自然而然地得到道。

蘇軾說這種學，不是刻意去追求它，而是只問耕耘，不問收獲，功到自然成。他還講了一個「北方人學潛水」的寓言，闡發「學以致其道」的道理。

南方有很多能潛水的人，由於平常總是和水打交道，六七歲時就能涉水過河，上十歲便能在河上浮水玩耍，十四五歲就很會潛水了。能潛入水底，這功夫難道是偶然的嗎？他們必定掌握了水的習性和規律，也就是得到了水之「道」。天天和水在一起，則十五而能得其道。如果生來就遠離江河，即便是身壯如牛，坐船都還會有些膽怯。北方有膽子大的人，向南方會潛水的人請教潛水的方法；南方人如實相告，但北方人按照南方人說的辦法去潛水，卻沒有不被淹死的。

因此，求道就如同南方人潛水。得之在瞬間，功夫卻在平日。不斷習練，心領神會，自然會得道。不少人總想走捷徑，常常是欲速則不達。在現實中，有幾個人是靠《快速致富法》發的財呢？又有幾個人靠《作文手冊》而成爲文章高手的？處世爲人的書滿天飛，有人讀了不少，人還是做得一塌糊塗；《英語百日通》、《五千單詞百日通》之類的冊子，也沒有使擁有它們的人，一到百日眞的什麼都通。

桃李無言，下自成蹊；大海無言，百川歸一。道在習練，雖得強求，更在漸得。

游刃有餘

看似尋常最奇崛，成如容易卻艱辛。

尋常的背後有奇崛，容易的背後是艱辛；超越了奇崛到達尋常，跨過艱辛感到容易，這就是「學以致其道」了。

莊子的「庖丁解牛」講的也是這個道理。

庖丁給文惠君殺牛，手碰到的，肩扛住的，腳踩著的，膝蓋抵壓的，咔嚓咔嚓，次啦次啦，沒有不合音節的。好像在跳桑林之舞，好像在奏《經首》之曲。

文惠君說：嘿！好啊！技藝精湛到這個地步！

庖丁放下刀子說：

我愛好的是「道」，比一般的技藝要高一個層次。剛殺牛的時候，我見到的都是整個的牛；三年以後，看到的牛都是一塊一塊的；現在，我用心領神會而不用眼看，感官停止作用，只有心靈在活動。順著天然的構造，在筋骨的間隙裡劈割，在骨節的空虛處行刀，因循著本來的樣子，刀刃連筋膜骨邊的肉都不曾碰著，何況那些大骨頭呢？高明的屠夫一年用一把刀，因爲他免不了用刀割肉；普通的屠夫一個月就用一把刀，因爲他要砍斷骨頭。我這把刀十九年了，殺的牛有幾千頭，刀刃還像剛剛磨過。筋肉骨節自有間隙，刀刃卻很薄很薄，用薄薄的刀刃進入那些間隙，刀刃鬆鬆快快地遊走並且還有餘地，所以十九年了刀刃還像剛剛磨過。儘管如此，每當碰到筋骨盤結的地方，我看到不易下手，高度地警惕著，眼珠一動不動，手慢慢地動作，刀輕輕地割，呼啦一下就分開了，好像一堆土散在地上。我提刀站起，四下張望，感到躊躇滿志，把刀擦擦乾淨，收藏起來。

文惠君說：妙啊！我聽了你的話，知道如何養生了。

文惠君從庖丁解牛中悟出了養生之道；其實，這個故事的含蘊和給人的啓示何止養生一事呢？

社會人世有如牛的筋骨盤結，十分複雜；人只要善於學習，又依乎自然，就可成功地處理世事，走向自由的境地。做人作文、爲官經商，無不如此。而像北方人學潛水，一下子就想得到潛水之道，那是不切實際的。

以天合天

東坡談文章之道時，有一會很有意思的主張：從「了然於心」到「了然於口與手」。

這是什麼意思呢？《莊子》中的一則寓言「梓慶削木」正可作為東坡觀點的注腳。

梓慶用木頭作成了鐻這種樂器，看見的人都非常吃驚，以為是鬼斧神工。魯君見了問他：你是用什麼辦法作成的呢？

梓慶回答說：

我是個普通的木匠，能有什麼特別妙法呢？不過，我有一條原則。要作鐻之前，我不敢耗費自己的精力，一定齋戒使自己心靈安靜。齋戒三天，心裡就不敢希望升官發財；齋戒到五天，便不敢想別人是批評還是表揚，齋戒到第七天，呆呆地忘了我有形體四肢。這個時候，也忘記了公家和朝廷，只一門心思在技巧上，外面的煩擾全都消失了。然後我進入山林，觀察樹木的天性。樹木的形態非常好，這時我似乎已經看見了作好的鐻；然後再動手加工。如果不能這樣，我是絕不動手的。這樣，用我的天然加上樹木的天然，樂器能作得這樣好，大約原因就在這裡吧！

這就是「以天合天」，以人的天然加上外物的天然，便是道的境界。兵家講知彼知己，百戰不殆。若以這句話來說「道」，也就是說，掌握了外物的規律，又明了自己的目的、本性，人的目的與物的規律渾然一體，這也就是道的眞諦了。

觀察與思考

生活在人世間，既要觀察外物，觀察別人，又要反觀自身，心明澄澈。既要思考外物，分析別人，又要自我反思，反躬自省。

然而，人們往往明於察人，昧於察己；長於分析別人，短於解剖自我。

「認識你自己」，正是人生哲學的一個永恆主題。

不識盧山眞面目

「不識盧山眞面目」原本是東坡先生的一句詩。據他自己所寫的《志林・記遊盧山》一文所載：

宋朝元豐七年，也就是公元一〇八四年的時候，東坡受命由黃州調到汝州去當官，實際上是換個貶所而已。路過江西九江時，東坡順道登遊了盧山。

他剛進入盧山，只見山谷奇秀，認爲盧山風光是自己平生從沒見過的，眞是美極了。一向好作詩塡詞的東坡，一時竟眼前有景道不出，甚至打算不寫廬山詩了。

廬山上寺院很多，和尙們得知大詩人蘇軾來遊山了，便非要他寫首遊山詩，來作個紀念不可。推辭不過，東坡想了好一會兒，才勉強寫了一首五言小詩：「芒鞋青竹杖，自掛百錢遊。可怪深山裡，人人識故侯。」這首詩，對廬山美景一個字兒沒寫，只是泛泛地記述了和尙認識他這件事。

等到東坡在廬山住了一些日子以後，覺得廬山的印象漸漸分明了，認識有所加深了，這才又提筆寫了兩首絕句詩。

一首是這樣寫的：靑山若天素，偃蹇不相親；要識廬山面，他年是故人。

另一首說：自昔憶淸賞，初遊杳靄間；如今不是夢，眞個是廬山。

這兩首詩，雖然提出了「要識廬山面」，但終於還沒有由廬山變幻莫測的景象，悟出什麼眞諦。

此後，東坡又在廬山上的東西南北，來往遊覽了十多天，從不同方向遊廬山，賞廬山，不辭辛苦地攀登，細心地琢磨、體會，這才好像一下子捕捉到了

「廬山眞面目」了。

於是，詩人在西林寺寫下了那道千古絕唱題壁詩——

橫看成嶺側成峰，遠近高低各不同。

不識廬山真面目，只緣身在此山中。

到過廬山的朋友都知道，廬山奇峰林立，各有風姿；千岩萬谷，俏麗多變；雲霧繚繞，變幻莫測。詩人寫的是具體的、特定的、有限的廬山形象，卻表達了抽象的、一般的、無限的人生哲理。

身置山中，視野被峰巒所擋，見到的只是廬山局部。如果要想看到它的整個兒面貌，只有站在廬山之外，縱觀全局才行。

觀山是這樣，觀人、觀物、觀世也當然如此。廬山忽浮忽沈，時雲時霧，社會變化，人生際遇，也大抵如此。

「不識廬山眞面目」，也啓示人們：對事物、對人生、對社會，如果不見全局，不明眞相，就可能把局部當作整體，可能對眼前的現象分辨不清。只有客觀地研究它的各個方面，才能取得眞理性的認識。

時間使人聰明

要識眞面目，就得跳出山界外。

固然，人世的所有不是山，沒那麼直接明白，但時間卻必然是路，可以把現時的一切推開、拉遠。推開了，拉遠了，許多事情也淸楚了，人自己也被時間敲打得聰明，成熟起來。

這道理大概適用於個人瑣事，也適用於社會歷史的評說。隔遠一點，跳開一點，許多過去看似複雜的事兒便會一目了然。就像登山，登得越高，看得越遠，看得越全。

考中進士以後，東坡當的第一個官兒是陝西鳳翔府的判官，他的上司是知府陳希亮。這個陳知府爲人爲官都還正直，也肯爲老百姓幹些好事；但他是個武將，說話辦事不太講方式。那時，東坡年方二十幾歲的小伙子，少年得志，年輕氣盛，常常頂撞知府，鬧得很不愉快。

陳知府建築了一座凌虛台，讓東坡寫篇記。東坡還藉機在文中譏諷知府，陳希亮見後一笑，還是讓人把這篇記刻在石頭上。

時間老人讓人聰明成熟，也讓事情原委清楚。

等到晚年，東坡回想起年輕時的這段經歷，說自己那時「年少氣盛，愚不更事」，感到很後悔，覺得對不住陳知府。而這時，陳知府已去逝十多年。平生不喜歡給人寫生平事跡和墓碑的東坡，破例給陳希亮（字公弼）寫了一篇傳記。（《陳公弼傳》）

經歷幾十年的風風雨雨、坑坑洼洼以後，這時再回首往事，評說過去的一些恩恩怨怨、是是非非，自然會更清晰明瞭，也更客觀公正。

當局者迷

知「不識廬山眞面目，只緣身在此山中」，便破得當局者迷的迷陣，可落得旁觀者清。

當局者，是指下棋的人；旁觀者，是看棋的人。大家都有這樣的經驗，下棋時，下棋者有妙手不走，有隱患不防，旁觀者看得乾著急，直想跳腳。「當局者迷」這個詞兒，今天人們使用起來，一般不是它的本意了，而是比喻一件事兒當事人往往因爲對利害得失的考慮太多，或者是自己已陷在矛盾的漩渦當中，判斷不正確，認識也不全面，反而不及旁觀的人看得清楚。

當局者迷的例子，在生活中可說是隨處可見。

且看，某單位老局長要退休了，兩位副局長都是有希望的人選。人嘛，總是尺有所短，寸有所長，兩個對手可是各有優勢，也各有缺點。儘管這樣，在旁人看來，二者選一還是有一個更合適些。而兩個競爭對手未必這麼看了。身在矛盾漩渦中，較多的名譽、利害、得失的考慮，難免覺得自己最合適，而對方不行；以己之長，比人之短，或抬高自己，貶低別人，這些都是當局者迷的具體表現。

再來看看戀愛中的失戀。

戀愛，就像東坡說的有悲也有歡，有合也有離。失戀其實是一件很尋常的事兒。

失戀的原因是複雜多樣的。或者開始戀愛時情投意合，但隨著時間的推移，一方思想情感發生了變化，另有所愛；或者在戀愛時，一方爲了取得對方的歡心，盡力掩飾自己的缺點，但經過一段時間，被對方發現，中斷了交往；或者由於一方受客觀因素左右，如父母干涉等等，不得不結束關係；或者有人道德敗壞，思想墮落，喜新厭舊，玩弄異性；或者因爲不十分了解對方；或者由於疑心誤會……等等。

失戀當然是很痛若的，在感情的漩渦中陷得越深，痛苦也就越深，解脫也就越發困難。有的人失去了戀人，就好像天塌了一樣，世界一下子變得一團漆黑；失去了心上人，就彷彿失去了整個世界；失去了一個人的愛，就好像失去了所有異性的愛。

如果旁人來看這失戀，或者等到失戀者完全解脫以後再回頭審視，原來問題並不那麼嚴重，不是一件什麼了不得的事兒。

本來就是天涯處處有芳草，塞翁失馬，焉知非福。

太陽今天從西邊落下去，明天又有一輪新的朝陽東方冉冉升起。

自知者明

人陷局中難識局，身在山中不知山。這從另一個角度說，就是人要有自知之明。

然而，古往今來人們總是慨嘆自知之難。俗諺中有許多形象而又充滿智慧的比喻：

烏鴉笑豬黑，自己黑了不覺得。
看別人豆腐渣，看自己一朵花。
長了一身白毛，反說人家是妖。

正是因爲認識自己比認識別人更困難，老子才說：「知人者智，自知者明。勝人者有力，自勝者強。」（《老子》三十三章）這話譯成白話就是：善於認識別人的人才叫智慧，善於認識自己的人才是聰明。戰勝別人的人叫做有力，戰勝自己的人才算剛強。

就連善於識人也善於自省的唐太宗也這樣感嘆：「能正確了解自己的人就是明智，但眞正做到實在是難啊！」（《貞觀政要》）

自知不易，那麼比較、對照就特別重要。唐太宗曾說過：「寫文章的文人和從事技藝的工匠，都只認爲自己的作品好，別人都比不上自己。如果名匠和優秀的文人，互相品評比較，批評挑剔，雜亂無章的文詞，低劣的技藝一下子就暴露出來了。同樣的道理，國君也必須有人幫助、規勸，有臣子指出他的過失。我經常想到魏徵遇事隨時規諫糾正我，許多話都切中我的過失，就像一面明鏡照見自己的形體一樣，美醜一目了然。」

唐太宗不止一次地講，要以古爲鏡，以人爲鏡。我想，人之所以要找鏡子來照自己，不正是因爲難以眞正完整全面地看到自己的形象嗎？就像牛不知角彎，馬不知臉長。人常常能察秋毫之末，卻不能自顧其睫。一個能正確而全面認識自己、評價自己的人，就能不斷完善自己，充實自己。相反，一個自以爲是、看不見自己不足的人，往往只能在人生的原地踏步不前。

善於自省，方能自明

向別人誇耀自己聰明，無異於向別人宣揚自己愚蠢；相反，能勇於正視自己的缺點，恰恰是一種優點。

而要客觀地對待自我，公正地估價自己的優長劣短，關鍵在內省。

鄒忌本來長得魁偉漂亮，有一天早晨，他穿好衣服面對鏡子問他妻子：「我與城北的徐先生相比，哪個漂亮些？」妻子回答說：「你好漂亮，徐先生怎能比得上你呢！」

其實，這位徐先生是齊國出了名的美男子，所以鄒忌自己也不相信能比得上人家。於是第二天又問他的妾：「我和徐先生比，誰更美？」得到的回答是：「徐先生怎能比得上您美呢?!」

第三天，來了位客人，鄒忌又問：「我和徐先生比，誰美？」客人還是回答：「當然是你啦！」

過了兩天，徐先生來了，鄒忌仔仔細細把他打量了一番，自己又在鏡子中認眞地審視了自己一番。最後還是覺得徐先生比自己漂亮得多。

爲了這事兒，鄒忌反復思量：本來我不如徐先生美，他們爲什麼硬說我美呢？原來是，妻子說我美，是她對我偏愛；妾說我美，是她怕我；客人說我美，是他有求於我！

看來這位鄒忌是很能自省，並達到自知之明的地步了。

實際上，「鄒忌比美」的事情還給了我們更多的啓示。一般說吧，總是當局者迷，旁觀者清；但許多時候，旁觀者或者礙於情面，或者考慮到利害，或者顧及關係，往往心中「清」而嘴上「迷」，口裡講的不是心裡想的。如果這時候當局者不加思考和分析，輕易地相信別人的話，那就迷上加迷，執迷不悟了。

「三省吾身，了解自己」，這的確是哲人們有力的勸誡，只有實踐起來，才知道並不容易！人，若能時常自我反省，全面、深刻地認識自己，那麼阿諛奉承就迷惑不了你，煙霧彌漫中你仍能眼亮心明。人生的路很漫長，也很短暫，要想把這路越走越好，就得時常反顧自身，總結經驗教訓。這樣，於人於己都會有利。

把握你自己

物盡其用，人盡其才。然而，現實中往往是物不能盡其用，人也難以盡其才。

有的人，才華橫溢卻一事無成，其罪在人耶？在己耶？

志大更要量大

志向、才幹、度量，這幾者對人的事業成敗來說哪個更重要？這恐怕很難彼此分割開來比較。志大而才疏的人，一生空有壯志，無所作爲；才大而量小的人，又往往因量限才，沒法兒施展才華。

所以東坡先生認爲，志、才、量是一個相互聯繫的整體，志大還要才大，才大更要量大，這樣才能事業有成，功德圓滿。西漢赫赫有名的青年才俊賈誼，從反面給人們以有益的啓示。

賈誼博通群書，才華出衆，他剛二十出頭時，就得到了愛才若渴的漢文帝的賞識。文帝先是讓他任博士的官職，此後在不到一年的時間，又幾次破格提拔他，一直做到太中大夫，這個官兒可不小。

青年才俊往往有個通病，一旦自己的才華受到賞識，便會益發的洋溢。大紅大紫了，有人看了心裡當然不舒服。雖然文帝還想提拔賈誼，但王侯重臣們不喜歡他，覺得這個年輕人仗著自己的才學，想專權用事。他們便一致在皇帝面前說他壞話。文帝那時剛接皇位不久，處處有顧慮，覺得不能操之過急，所以想出一個平衡的辦法，派賈誼去長沙做長沙王的太傅。這本來是一番好意，一方面是緩和一下朝廷對賈誼的反對空氣，另一方面也是讓他出去歷練歷練。

誰知賈誼不能理解文帝的良苦用心，認爲自己是被放逐了，他到長沙渡湘水時以屈原自比，牢騷滿腹，而且覺得從此前途暗淡。文帝當然還是想重用他，只是時機還不成熟，又改派他當梁王太傅。這期間，賈誼幾次上書獻治國的計策，爲國事痛哭嘆息不止一次。後來梁王騎馬不小心摔死了，賈誼認爲自己當太傅沒有盡到責任，經常哭泣自責，不久就病死了，死時才三十三歲。

蘇軾對賈誼是十分痛惜的，他說：

人有才幹當然很難，但更難的是自己能很好地運用自己的才幹。可惜賈誼作爲王侯的佐臣，還不能自己用好自己的才幹。君子目標遠大，必須有所等待；志向高遠，必須能忍則忍。看看古代的賢人，都各有各的才能，但是大多都沒能施展，這未必都是當時君主的過錯，實際上的過錯往往在賢人們自己。

東坡說賈誼眞是不善於處窮。人一時不被重用，怎麼知道終生都不會有東山再起的機會呢？不知道默默地等待局勢的變化和時機的到來，而是自殘自賤，可惜呀！賈誼志向很大但氣量太小，才華有餘但識見不足。不是漢文帝不用賈誼，而是賈誼不能用於漢文帝。（《賈誼論》）

熟悉歷史的人都知道，漢文帝是漢代而且是整個封建時代少見的賢明君主之一。遇上這樣的君主，賈誼還夭折了。這說明，人立志固然重要，才學也很可貴，但器量、識見更是不可缺少。仕途有崎嶇，人生有風雨，身處窮厄困境之中，寬闊的胸襟和遠見卓識是最重要的勝利法寶。蘇軾的這句話是很有識見的：「不是文帝不用賈誼，而是賈誼不能用於文帝」。人用我，我亦用於人，心存大志，能進能退，能伸能屈，何愁英雄無用武之時？

自用其才

東坡說有大志的人要善於處窮，要會自用其才。古今人士都稱道前秦的苻堅，他在草野之中發現了王猛這個難得的人才，便將滿朝的舊臣都涼到一邊，獨獨與王猛謀政議事。這樣的事兒歷史上又有幾件呢？

一個有抱負的人，要善於駕馭環境，自用其才。什麼叫做自用其才？就是在不利的環境下，人家不承認你，看不中你時，把你涼到一邊，甚至有人壓制你、妒嫉你、打擊你的時候，你不心灰氣餒，自廢其才，自毀其才，而是頑強地堅持遠大志向，冷靜地看到自身的才幹、價值，等待時機，創造條件，堅持不懈。有志者能進能退，大丈夫能伸能屈，這樣，終將不負有心人，天生我才必有用。

唐代名將郭子儀一生歷玄宗、肅宗、代宗數朝，平定安史之亂，收復兩京，戰功卓著。他是生前享有美名、死成為歷史上富貴壽考四字俱全的絕少數名臣之一。

史書上說郭子儀能做到功蓋天下而主不疑，位極人臣而衆不嫉，窮奢極慾而人不誹，實在是太難而特難。事實上，君主也有時不相信郭子儀，宦官、奸臣、小人更是經常妒嫉和排擠他。郭子儀之所以能善始善終，關鍵是他善於立身行事。他可說是「用之則行，捨之則藏」，不怨天，不尤人。他帶兵向來以寬厚著稱，對人也很忠恕。在戰場上，沈著而有謀略，而且很勇敢。朝廷需要他時，一接到命令，不顧一切，馬上行動。等到上面懷疑他，要罷免他時，也是無怨無恨，馬上回家吃老米飯。所以，他幾次被罷免，又幾次被起用，國家不能沒有他。

如果將郭子儀與賈誼對比一下，便可以看出，人才的埋沒或者損毀，固然有外界的責任，而自己負有的責任也是不小的。郭子儀與賈誼，一個是武將，一個是儒士，都是難得的人才；一個盡其才，一個廢其才；一個享年八十五歲，一個過而立之年不久便夭亡了。這兩個人的不同命運，在很大程度上是由自己掌握的。就君主的賢與不賢看，唐肅宗、唐代宗等恐怕是很難和漢文帝的美名相比的。既然這樣，與其說賈誼是懷才不遇，還不如說是不善自用其才；與其說郭子儀是遇上了賢主明君，還不如說是他自己聰明，善於自用其才。

聰明與才幹，是人們都羨慕和企盼的東西，但要知道，它們可以成全一個人的功名業績，同樣也可以葬送一個人前程甚至生命。

才高還須志堅

受才華的牽累，求福返而得禍，這實在不是什麼罕見的事。

劉邦建立漢朝以後，便大量封劉家的弟兄、子孫為王。到了景帝的時候，那些諸侯的勢力越來越大，有的作威作福，已經不受朝廷的約束了。才能出眾、很得景帝賞識的御史大夫晁錯擔心這麼下去，會發生變亂。於是晁錯就建議皇帝削去諸侯的封地，限制他們的勢力。

晁錯當時是景帝朝中的紅人，他對漢室的確也是忠心耿耿，削地的建議正與景帝不謀而合。

晁錯確有眼力，以吳王為首的七國諸侯早就有野心，這回聽說要削他們的地，可找到造反的理由了。他們聯合起來，發動了叛亂。打的旗幟是「誅晁錯，清君側」，意思是要殺掉晁錯，清除皇上身邊的奸賊。

漢景帝立即召集大臣們商議怎麼去對付他們。大家誰都不說話。晁錯出了主意，他請景帝親自監督將士首先把守滎陽，堵住吳王、楚王的進攻；關中，也是京城一帶，由晁錯自己鎮守，然後再調動兵馬一個一個去對付七國。景帝嘴裡不說，心裡有點不痛快。他想：「怎麼叫我出去作戰，你自己倒躲在京城裡？」

不久，有一個叫袁盎的人說是有平定七國的妙計，那便是斬晁錯，免諸侯王起兵的罪，恢復他們原來的土地。景帝想：「如果能夠這樣，我又何必捨不得他一個人吶。」就這樣，御史大夫晁錯爲了鞏固漢朝的天下，莫名其妙地給漢朝的皇帝殺了。

對這段史實，東坡先生議論：天下的人都悲嘆晁錯因爲忠誠反而受禍，而不知道這悲劇實際上是晁錯自己導演的。爲什麼呢？

古代能夠成大事的人，不光要有超世出衆的才幹，還必須有堅忍不拔的意志。從前，大禹治水時，鑿開龍門，疏通黃河使大水入海。當還沒有成功的時候，那是有很大危險的，但大禹身體力行，不顧危險，遇事不驚慌、不害怕，最後終於成功了。

七國諸侯當時勢力已很強大了。驟然去削弱他們，不鬧事才怪呢！晁錯這時不衝到前頭，為天下擔當大難，反而為了保全自己，要皇帝出征，而自己坐守，把安全留給自己，把危險扔給皇帝，忠臣義士早已憤憤不平。這時就是沒有袁盎，晁錯也免不了災禍。假如七國造反時，晁錯一馬當先，到最危難的地方去，皇帝感到安全，即便有一百個袁盎，又怎麼能挑撥的了呢？（《晁錯論》）

可見，有大才的人要立大功，還須有堅定的意志、敢於犧牲的精神。要想求非同一般的功勞，則必須有自我保全的計策。而事實上呢，有時候最危險的地方反而最安全，自以為最安全的地方又隱藏著危險。背水一戰，置之死地而後生。顧惜自身，反而難保自家性命。

自嘲的藝術

學會調侃自嘲，而不是自艾自怨；
知道自罵自嘲，而不是謾罵、嘲笑別人。
將人生的煩惱，像路邊的小石頭一腳踢開，心中微笑著調侃一下自己，沈靜怡然地再走向遠方。

自嘲的藝術

記得有人說過：一個人當他不是嘲笑別人，而是自嘲時，他便成熟了。的確，自嘲是一種成熟的表現。對自己的失誤或者失意，來一點自我解嘲，這往往是一種不失君子風度的情感宣洩。

自嘲有些像幽默，有時幾乎是一回事兒。不過自嘲的對象限於自己，幽默的對象則包括別人，還可以是人之外的事物。

中國古代文人的自嘲，不僅好笑有趣，而且含蓄、有意思。自嘲中有對人生百味的咀嚼。

東坡死後，李方叔爲他寫的祭文中有這麼幾句話：「道大不容，才高爲累。皇天后土，鑒平生忠義之心；名山大川，還千古英靈之氣。識與不識，誰不盡傷？」這頭兩句，便是說東坡德行太偉大了，反而不爲社會所容；才華太出衆了，反而因此受牽累。

這是旁人的評說，東坡自己生前對他「聰明反被聰明誤」的遭遇就有體會。當然，東坡是偉人君子，他的聰明也不是那些自作聰明之人的小機謀。他一生正直無私，心懷磊落，才智卓絕，正是因爲德太厚，才太高，反倒屢遭厄運。他尤其以文才著稱，其得禍就總是與詩文有不解之緣。

元豐六年（一〇八三），蘇東坡又得了一個兒子，取名遁兒。在生下三天「洗三」的時候，東坡寫詩一首，用以自嘲：

人皆養子望聰明，我被聰明誤一生。
惟願孩兒愚且魯，無災無難到公卿。

聰明的人多災多難，愚魯的人反而平平安安，甚至可以居高位。養兒子，何必希望他聰明呢？寫這首詩時，東坡正貶在黃州，昔日京都要人今日形同農夫，他的得罪正是因爲文字之累。這中間有不滿，有怨氣，有牢騷，但以輕鬆幽默的筆調，自我解脫、自我調侃，便顯出幾分大度、幾分超脫。

同樣的境遇，有人怨天尤人，有人則自解自嘲。這種自嘲，是一種生存藝術修養，也是一種成熟而又充滿智慧的人生境界。對於平庸的後輩，不肖子孫，倒不妨多一點寬容、多一點瀟脫。

達觀與教子

說到自嘲，又該談談蘇東坡另外兩句詩：「子還可責同元亮，妻卻差賢勝敬通。」先看後一句，這敬通名叫馮衍，是東漢學者、辭賦家，據說他妻子很厲害，東坡說是「妒悍」。而蘇東坡自己的妻子卻很賢德。前一句中的元亮就是陶淵明，他曾寫過一首《責子詩》。

陶淵明的那首詩以通俗的語言，幽默的筆調，對五個兒子一一進行評論，是一位達觀父親的自嘲，也是慈父和兒子們相戲謔。詩是這對寫的：

白髮被兩鬢，肌膚不復實。
雖有五男兒，總不好紙筆。
阿舒已二八，懶惰故無四。
阿宣行志學，而不愛文術。
雍端年十三，不識六與七。
通子垂九齡，但覓梨與栗。
天邊苟如此，且進杯中物。

「志學」，古人指十五歲，「杯中物」當然是酒了。這首小詩明白如話，饒有趣味。說是「責子」，陶淵明對這些不爭氣的兒子似乎並無過多的責備，倒是表現出不失風度的沈靜、知命達觀的開朗。子不成龍，不氣惱，也不急躁，與其說是責子，還不如說是自嘲。

兒女不成器，與財富積聚的道理有相似之處。大富在天，不可強求；小富由己，努力可達。兒女呢，要他們成爲一個誠實的人、一個有用的人，不走邪路走正路，這只要父母好好教育，是不難實現的。如果要兒女立大志，成大器，這實在不是父母心想便能事成的。因此，眞正明智的父母既注意對子女的教育培養，又不期望太高；而是順其自然，循循善誘。

其實，只要兒女成人能老老實實做事、本本分分做人，父母也就不應該有什麼遺憾了。將門未必都出虎子，豪門偏偏多有惡少。望子成龍、望女成鳳，最終成龍成鳳又有幾人？眞正達觀的父母，對待不肖兒女或者沒有什麼大作爲的後代，不妨學學東坡、陶潛，自解自嘲，淡然處之。對子女是如此，對其它事也不妨如此。

窮通與自嘲

有人說，自嘲是自己的才能與理智達到足以否定自己的理想與行事時的產物。一個人自嘲者往往就是一個懷才不遇者，一個想自嘲的時候，往往是他不得意的時候。

這種說法當然不能說百分之百地準確，但它確實有幾分道理。蘇東坡拿自己的「聰明」自嘲是這樣，唐代韓愈拿自己的好品性自嘲也是這樣。

韓愈有一篇《送窮文》，是寫在他投閒置散、不被重用的時候。雖是牢騷話，但說得俏皮、風趣。

古代官僚士子的「窮」，是指懷才不遇、仕途不順，這其中的原因常常是因為政治不清明、君主不賢明、官場太污濁。然而他們懂得，如果要發牢騷就不能傻乎乎地直說，弄不好吃不了兜著走。這樣，便只好自嘲，以嬉笑代怒罵，怪自己命運不好，或是太聰明，或是太有德性，以致仕途不暢，窮而不達。

韓愈就很會自嘲。他說自己為什麼「窮」呢，原來是有五個致窮的鬼在搗蛋。這五個「窮鬼」都在自己身上。第一個是「智窮」，是說自己操行堅正，不欺詐、不願傷害別人；第二個是「學窮」是說自己喜歡尋根探柢，窮極天理；第三個是「文窮」，指自己不做平庸文章，好作破格奇文；第四個是「命窮」，說的是自己勇於負責，恥於爭利，面目難看，心地善良；最後一個是「交窮」，即指對人眞心實意，肝膽相照，不搞虛情假意那一套。

原來這五個「窮鬼」都是難能可貴的好品質，但這些並不被時人所理解，不爲世俗所容。韓愈把它們說得活靈活現：五鬼鬧身，有時一個鬼唱獨腳戲，有時五個鬼一齊鑽出來；一會兒細聲細語，一會兒又慷慨陳詞；一會兒潛身隱形，一會兒又說笑打鬧。

通過這些「窮鬼」的表演，不僅將作者的牢騷與不平發洩無遺，而且將嚴肅的政治問題和沈重的心理負擔遊戲化、詼諧化，不能不使古往今來的失意之士破涕爲笑。

試想我們自己面對那些不順心的事情、不如意的處境，比如戀愛受挫、仕途受阻、工作失誤、與朋友失和等等，如果怨天怨地怨人，有時不僅不能化解矛盾、減輕內心的苦惱和解決問題，反而適得其反。這時候，不妨多幾分幽默和瀟灑，來一點自責和自嘲，變嚴肅爲詼諧，化沈重爲輕鬆。在自嘲幽默的氛圍裡，你也許會眞的心情輕快自如起來，陽光又會重新燦爛！

自嘲是一門自我安慰的藝術，也是一門自我解脫的藝術。它是人性的智慧之光，與自欺欺人不可同日而語。

自信者方能自嘲

自嘲的人，往往是自信的人、對生活充滿希望的人。很難想像，一個自慚形穢或者心胸狹小的人，也能自罵自嘲。敢於自嘲，也就敢於正視自身的缺陷、不足和失敗，就敢於正視不利的條件和環境。自嘲者表面自嘲，實際上在自嘲的背後有一種力量，東坡對於本人的聰明才智，韓愈對本人的高貴品質，如果不自視爲一種力量，那才怪哩！

我們且把話扯得遠一些。美國第十六屆總統林肯曾自嘲自己，講過這樣一段話：「有時我覺得自己是很醜陋的人，在一片森林中漫步，忽然迎面來了一個老婦人，她說：『你是我見過的所有人當中最醜陋的一個。』醜人回答：『我是身不由己，無可奈何啊！』老婦人說：『並不是沒有辦法，你完全可以不出家門嘛！』」

有人批評林肯，說他是兩面人。林肯則說：世上所有的人都知道我沒有兩面，如果有的話，我就不會以現在這副尊容出現在衆人面前了。林肯一方面取笑自己容貌的醜陋，另一方面回擊對方的中傷，使人覺得他很有人情味，很平易近人，氣度豁達。

林肯的這段軼事，又讓人想起了我國古代戲曲家、理論家鍾嗣成的自畫像。這位藝術家曾經自畫外貌之醜：「爭奈灰容土貌、缺齒重頦，更兼著細眼單眉，人中短、髭鬢稀稀……有一日黃榜招收醜陋的，準擬奪魁。」鍾嗣成說，如果「選醜」比賽的話，自己準能夠奪冠軍這當然是自嘲，其中又恰可見出作者的灑脫、超逸、自信和大度！如果一個人貌醜，但心靈美好、才智卓絕，這種人不是比那些金玉其外、敗絮其中的人更足以自信自豪嗎？

所以，由此種種看來，自嘲到底不容易。不容易就在於它要自信，它表現了力量！倘若不幸陷入困境，倘若不愼落入一路無可奈何的失敗結局裡……化悲痛爲力量，變失意爲壓力是必要的，不斷地努力改變現實更爲必要。在這兩重必要之外，再來一點輕鬆，來一點自嘲，微笑著對自己，對他人，敲打自己幾句，這豈不是強中強之品格呢！

幽默與人生

幽默，不光是文字藝術，舞台藝術。相聲、小品、漫話、笑話中都有幽默，但這並不是幽默的全部。

幽默，更是一種人生智慧、人生態度。

幽默人生也是一種透悟的人生。

什麼是幽默

什麼是幽默？

這似乎是一個不成問題的問題。幽默，誰不知道呢？但要說淸它的準確內涵，我們又覺得好像只可意會，不可言傳。

幽默，是溫和的諷刺。這是一種看法。

有人說：幽默是一切滑稽可笑的事物。

也有人說：幽默和機智不同，對發笑的事物寄予同情，它凝聚著對人類，包括笑者自身那可悲性格的愛憐之情，是高級的笑、複雜的笑。

還有人這樣界定幽默：言辭舉動表面輕鬆而實際含有深刻諷刺的。

我們則比較喜歡這樣一種說法：幽默帶來快樂，它使人從痛苦的經驗和情緒當中掙脫出來。

美國人特魯在《幽默的人生》中認爲：幽默是一種特性，一種引發喜悅，以愉快的方式娛人的特性；幽默感是一種能力，一種了解並表達幽默的能力；幽默力量是一種藝術，一種運用幽默和幽默感來增進你與他人的關係，並改善你對自己作眞誠的評價的一種藝術。

幽默是如此美妙有用，誰不希望生活充滿幽默？誰又不希望自己富有幽默感和幽默力量呢？

如此看來，幽默遠不只是一種言語的俏皮，或行爲舉止的可笑，也不只是一種個性傾向的流露；幽默，實質上是一種處世方式，一種人生智慧，一種生活態度，它是知識的結晶，才華的風采，智慧的閃光，人生境界的昇華。

幽默，可以使平凡、瑣碎、甚至平淡無味的生活充滿生機、朝氣與活力。

幽默，又是人際關係的潤滑劑，它以善意的微笑代替抱怨，避免爭吵，使你與他人的關係變得更和諧、更融洽。

幽默，可以幫助人們減輕人生的壓力，減少煩惱，振奮精神，在沮喪中不失熱望。

幽默，不是插科打諢，不是耍貧嘴，不是無聊的滑稽逗樂子。它是行爲的藝術，也是心理的藝術；是生活的境界，更是精神的境界。

要知道，幽默不僅與一個人的個性氣質有關，更與他的學識、藝術才華、人生經歷有關。幽默也是一種修養。

蘇東坡先生，正是這樣一個富有幽默修養和幽默力量的人。他留給時人和後世的印象，不只是一個大文豪、大詩人、大書畫家，他同時也是一個個性鮮明、生動有趣的幽默大師。

東坡以他的機智、聰慧和曠達，微笑著對待生活。他的幽默中，有詩意的釀造、人生的品味、哲理的思考。這些正是現代人的寶鑑。

幽默與機智

我們說，沒有智慧就談不上幽默，幽默是智者心中的微笑，它常表現爲一種機智。

一般來說，機智和幽默都是指了解和表達可笑的事物或使人發笑的才能。機智指對於吸引人的、異常的、前後矛盾或不相稱的事物反應很快，能立即了解，並能以巧語警句說出；幽默指能看出人生、人性中的可笑與荒誕的事物，且能同情及和善地把它們表達出來。在許多情況下，這二者是一回事兒，所以大百科全書乾脆把兩者合爲一個詞條。

幽默中見出人的機智。才思敏捷的人，能言善辯，隨機應變，有的令人驚服，有的給人以奇趣。東坡先生就很善於應變，在機智巧妙的對話中顯現出幽默和風趣。《調謔篇》上有這麼一個小故事：

有一天，蘇東坡問王安石東坡的「坡」字怎麼解釋。安石說：「坡者土之皮。」這當然有點開玩笑的性質。東坡反應很快，立即反問一句：「按你這麼說，滑就該是水的骨頭？」

這可以說是用你的矛，戳你的盾了。東坡正是在機智的反唇相譏中，體悟事情的本質，顯示自己的智慧。

古代文人的機智，有時表現在善於玩弄語言技巧，特別是利用語言文字上的同音或同義的關係，造成「一語雙關」的結果，使人感到奇巧有趣。東坡就很善於運用語言技巧開開玩笑，悅人悅己。

蘇東坡常向朋友錢勰得意洋洋的誇口，說他多麼喜愛在家鄉過的簡樸生活。吃飯時只有米飯、蘿蔔、清湯，便十分快樂。一天，錢勰請東坡吃飯，請柬上說：「將以三白待客。」蘇東坡從沒吃過「三白」這種東西，以爲是什麼山珍海味。結果，作客的時候桌上只有三樣東西，的確都是白的：白米飯、白蘿蔔、無色的湯。東坡忽然想起自己的誇口，知道是朋友開了個玩笑。過了些日子，東坡送給錢勰一張請帖，請吃「三毛餐」。朋友來赴席，發現桌子上一無所有。過了好久，還沒有菜上來，錢勰抱怨說餓了。東坡笑著說：「咱像開始吃吧，不用等了，這就是『三毛餐』：毛米飯、毛蘿蔔、毛菜湯。」（毛讀如沒）

幽默歸幽默，到此爲此。蘇東坡當然不會眞的讓朋友餓著肚皮回去，那樣就有點小肚雞腸和惡作劇了。玩笑之後，東坡和朋友開懷地吃了一頓盛餐。

這種幽默，這種機智，不正顯出人性的健康與明達、心智的成熟與快樂嗎？人在生活中，如果老是愁眉苦臉，一副憂國憂民相，或者像個榆木疙瘩，反應遲鈍，那是多麼無味啊！即便是名人偉人，也不應總是板著面孔的。

溫和的諷刺

幽默與諷刺常常結合在一起。正因爲這樣，才有人將幽默界定爲溫和的諷刺。國內一家刊物就是以《諷刺與幽默》命名的。

幽默中的諷刺，帶刺而不傷人，甚至無刺只有花香。它不似一般的諷刺那樣淋漓暢快，而是把思想埋得很深，把生活釀得很濃，表現手法很巧。「東坡打分」就是一則這樣的小幽默。

從前，有個人路過杭州時，拿出自己寫的一卷詩去請教蘇東坡，並當場抑揚頓挫地朗誦起來。朗誦完了以後，他問東坡先生：「你看我這詩能打幾分？」

蘇東坡說：「十分，完全可以打十分！」

這個人見東坡這樣的大詩人給了自己滿分，簡直有點兒受寵若驚，喜出望外。他又問東坡：「憑什麼能得這滿滿的十分呢？」

蘇東坡說：「七分是朗誦，三分是詩，加在一起不就是十分嗎？」

這則幽默是帶著微笑的諷刺，是聰明與智慧的閃光。讀到此，我們不也是發出會心的微笑嗎！

另一則東坡諷刺老道的幽默故事，讀來又別有趣味。

有一次，東坡去遊莫干山，來到一座道觀裡，打算歇一會兒。

主事的老道見東坡衣著簡樸，冷淡地指了指椅子說：

「坐！」然後對道童喊道：「茶！」

蘇東坡坐下，和主事老道閒聊。從談話中，老道發覺來客很有才氣，看上去不是一般的讀書人，就把他引到大殿，客氣地說：

「請坐！」又對道童叫道：「敬茶！」

兩人又談起來。老道越發感到來客知識淵博，才華橫溢，不禁問起他的姓名來。這才知道此人竟是名揚四海的蘇東坡。於是，連忙站起作揖，把客人讓進客廳，恭恭敬敬地說：

「請上坐！」又對道童叫道：「敬香茶！」

東坡告別時，老道懇求他寫字留念。東坡微微一笑，揮筆題了一副對聯：

坐請坐請上坐

茶敬茶敬香茶

老道看罷，臉子發燒。

這些小幽默如一枚枚味道醇郁的橄欖，耐人咀嚼、回味。蘇東坡走在人生之路上，隨手拾取，著手成春，他的幽默以其曲折、迂迴的形式肯定生活，顯示出個人的志向和見地。

面對生活在你周圍的人們的缺點，緘默不言不是什麼過錯；若把別人的缺點加以恭維，那就不怎麼高尚了。東坡是個眞誠坦率的人，但又睿智而聰明，他批評、諷刺別人的缺點，又不是直捅捅、硬梆梆的，而是在幽默中善意地諷刺別人，讓對方覺悟和自省。這不正是一種待人的藝術嗎！對人性中的弱點、對不無遺憾的世態，以寬厚溫和的態度進行譏諷、揶揄，讓人們在會心的微笑中警頑醒世，生活中這樣的幽默不是「多多益善」嗎？

笑中藏哲理

如果僅僅是讓人發笑，讓人難堪，那也就淺薄，隨手撒出去也就完了。但幽默爲人鍾愛，根本在於它在平常俏皮中見哲理了。中國古代文人的幽默，講求理與趣的結合，那就是「諧趣」，它不止於表達個人的情趣，而力求在機巧的形式中表現某種深邃的思想，或者生活的哲理。正是那些永遠閃耀著人生智慧之光的幽默，才像夜空中的顆顆小星，在泛泛之中獨能光芒四射，顯示迷人的魅力。

《莊子》中有些小故事，幽默生動，又充滿理趣。有一次，莊子和惠子在濠水的橋上遊逛。莊子說：「小白魚在水裡從容地游，這魚可快樂呢！」惠子說：「您不是魚，怎麼知道魚快樂？」莊子馬上反問一句：「您不是我，怎麼知道我不知道魚快樂呢？」

這是智人詭辯，開玩笑，可我們一下子卻也實在找不出理由來反駁。再說，在這看似悖理的詭辯之中，確實也蘊藏著有趣和深刻。

蘇東坡大概也深諳此道。有一天，東坡與佛印和尚去參觀一座寺院。他們進入古刹的前殿，看到兩座凶猛的大神像，是鎮邪的門神。

東坡哂笑地問：「這兩尊菩薩，哪一個厲害？」

佛印說：「那還用問，當然是拳頭大的厲害！」兩人相視一笑，信步走入內殿。

生性詼諧的東坡，見觀音菩薩手持念珠，又幽默地問：「觀音老母拿念珠幹什麼？」

佛印回答：「她也學別人拜佛呀。」

東坡緊追不捨，接著又問：「觀音救苦救難，神通廣大，她拜哪一個菩薩？」

佛印一笑，答道：「拜觀音菩薩呀。」

東坡又問：「這是爲什麼呢？她就是觀音菩薩，爲什麼要拜自己呢？」

佛印嘆道：「你知道，求人難，求人不如求己呀！」

這一問一答，妙趣橫生。「求人不如求己」看似玩笑話，實際上蘊含著生活的眞實體驗。人情冷暖，世態炎涼，「求人不如求己」，今天我們不也還能體味這句話的個中滋味嗎！

或許，正是因爲幽默家往往提出値得思索的、富有哲理性的社會或人生問題，有人才把幽默與滑稽作這樣的區分：使人發笑的，滑稽；使人想了一想才笑的，幽默。幽默的確是智者心中的靈光。一個人，對生活的體驗越深，人生的經歷越豐富，他的幽默就越深厚、越雋永。

諧趣

生活中不乏這樣的人，品行端莊，爲人樸實，確是好人，但總是一本正經，沒個笑臉，讓人覺得枯燥無味，可敬而不可親。

富有幽默感的人就不同了。他們雖不愉快地做事，卻能說愉快的話，走到哪兒，歡樂就散布到哪兒。這樣的人肯定有缺點，但由於有情趣，使人歡笑，使人快樂，人人都願意與之相處。

蘇軾就是一個可敬、可愛又可親的人，他總是把自己的所見所聞化成睿智的語言，傳達給周圍的人，製造歡樂的氣氛，在嬉笑之餘，又使人們回味和深思。下面幾則小幽默都是關於蘇東坡的，其風趣穎脫一閱便知。

第一則：有個叫王祈的人曾經對東坡說：「我寫了一首咏竹子的詩，有兩句最得意。」接著便朗誦說：「葉垂千口劍，幹聳萬條槍。」這是用劍比竹葉，槍比竹竿。東坡聽罷，笑著說：「好是非常好，只是十條竹竿，才一個葉片兒。」

第二則：王禹錫是東坡的親戚，他曾作賀雨詩一首，詩句有「打葉雨拳隨手重，吹涼風口逐人來。」自以爲得意。東坡讀了後說：「你寫詩，怎麼這樣不入規矩？」禹錫說：「這是我喝醉酒之後寫的。」過了幾天，他又拿一首詩給東坡，東坡讀罷，問道：「你又喝醉了？」

第三則：杭州靈隱寺有一個和尚叫了然，這和尚迷上了妓女秀奴，來往日久，連衣鉢都當盡了；成了窮光蛋的了然，秀奴當然不再接納，但這和尚還是迷戀不已。一天，了然喝醉酒後又去找秀奴，秀奴還是拒絕他。了然怒火中燒，猛擊秀奴，結果一下子把人打死了。當時蘇東坡在這裡當官，此案由他辦理。提審了然時，只見這痴心和尚的身上刺了兩行字：「但願生同極樂國，免教今世苦相思。」案件審畢，東坡寫下一闋有趣的判詞：「這個禿奴，修行忒煞，靈山頂上空持戒，一從迷戀玉樓人，鶉衣百結渾無奈。毒手傷人，花容粉碎，空空色色今何在？臂間刺道苦相思，這回還了相思債。」和尚自然被判斬了。

關於蘇東坡的這類幽默故事我們還能舉出許多來。一葉而知秋，滴水可知海，東坡的幽默個性於此可見一斑。

實在說來，幽默是一種情趣，一種健康的人性。幽默力量使偉人名人，變得平易近人，變得和藹可親。幽默力量能使他人更喜歡你，信任你。人們希望與幽默的人一起工作和生活，包括選擇朋友、選擇伴侶，誰不希望對方充滿幽默的情趣呢！人們常以「相敬如賓」來稱道夫妻關係，我們以為如果這是指互相尊重當然是對的，但夫婦如果眞的像主與客，彬彬有禮，處處拘謹，那就太沒意思了。家庭應是最溫馨的地方，也是最自由、輕鬆的地方，夫妻間充滿幽默、歡笑，那才是健康幸福的標誌。

曠達

有幽默感的人，必然是感覺敏銳的人，心理健康的人，也必然是笑顏常開的人，胸襟豁達的人；是別人樂意與之交往、與之親近、與之爲友的人。這裡面，性格樂觀，胸襟豁達很重要。一個悲觀厭世者當然不懂得幽默，一個心地偏狹之人，也與幽默無緣。

我們說過，幽默不是耍貧嘴，不是逗樂子，不是無聊的插科打諢、滑稽取笑。幽默家要有那麼點悲天憫人的菩薩心腸，有那麼點從容不迫的生活態度，還要有一種不失原則的寬容氣度，要有一套想得開、看得穿、提得起、放得下、好尋開心、善開玩笑的本領。

幽默不僅與人的知識、才華、個性相關，而且與人的智慧、經歷，尤其是生活磨難相關。只有那些淡泊名利、超然脫俗的人，才眞正理解幽默，並能創造幽默；只有那些飽經憂患、思想深邃的人，才眞正能體會幽默的深厚含蘊，在苦澀中發掘出幽默的甘泉。

幽默顯現出人的曠達，曠達的人最懂得幽默。

蘇東坡流放海南時，那生活可謂艱苦了，精神上的創痛也是很深的。但東坡能以曠達的胸懷接納這生活的重擊。即便是在這荒島上，他仍保持著樂觀、幽默的個性。東坡喜歡吃海南的牡蠣，便急忙忙地寫信給兒子蘇過，對他說：這裡的牡蠣味道好極了，你千萬不要讓京城的士大夫們知道了，否則，那些沒吃過海南牡蠣的京城官吏聞訊都要求調到海南來工作，那我就沒法獨享牡蠣的美味了。

不過，如果東坡果眞是爲海南美味而有此舉，那他的幽默只能算是淺薄了。今人曾說：「幽默是痛苦與歡樂交叉點上的產物。」這話兒深得幽默三昧。

以嚴肅的態度對待人生，而以輕鬆的態度對待自己，尤其是面對失敗、面對挫折，面對生活中的種種不幸，以幽默的態度一笑置之，那實在是一種君子坦蕩蕩的磊落襟懷。

豁達的人，才能平靜、詼諧地對待成敗、榮辱、生死、名利，淡泊以明志，寧靜以致遠。微笑著迎著人生的風風雨雨，也微笑著對待人生的麗日藍天。當代學人錢鍾書，就是一個能淡然而又幽默地對待個人榮譽的人。有個外國女作家讀了他的書，簡直佩服得不得了，到北京後她便打電話給錢先生，一定要見見他。錢鍾書說：「如果你吃了兩個雞蛋覺得味道還不錯的話，幹麼非要看看那下蛋的老母雞呢？」

看來，我們要學會理解幽默和善於幽默，一方面要努力學習，經受實踐考驗，使自己富於才智和機智，另一方面也是更重要的，是要不斷地清除自身瑣碎、寒傖、渺小、卑微的缺點和陋習，陶冶自己情懷，完善自己的人格。

自我解脫的心理方法

常言道：心病要用心藥治。

人的煩惱、痛苦，大多來自自己，來自自己的內心。要從煩惱的纏繞之中掙扎出來，要從痛苦的深淵之中解脫出來，心理療法有時比實際行動更有效。

何爲心理療法？說得通俗些，無非是自我寬慰、自嘲自解。

解脫之道關鍵在內心

古詩中有一《四喜詩》，這樣寫道：

久旱逢甘雨，他鄉遇故知，洞房花燭夜，金榜題名時。

這些都是人見人愛的喜事，但未見人人都有好運氣。有一個人參加科舉考試初試通過了，複試時卻刷了下來，這無疑是由喜轉悲。這位落魄的士子便將《四喜詩》小作改動，便成了：

兩中冰雹敗稼，故知是索債人，花燭娶得石女，金榜複試除名。

四喜成了四悲。

生活五光十色，變化無窮，但總括來看不外悲喜兩面。有歡笑，也有淚水；有熱鬧，也有孤寂；有得意，也有失落。窮愁書生可一舉及第，飛黃騰達者又能一落千丈。

面對失敗、挫折，面對坎坷和逆境，人們常常不知所措，或迷茫，或痛苦，或怨天尤人，或自我作賤。

東坡一生，可以說是坎坷不平，他正視逆境、泰然處之的人生智慧給後人以有益的啓示。

在海南島時，東坡寫了一篇雜感，他這樣來寬解身處蠻荒之地的自己：

我剛到海南島時，環視四周，水天茫茫，無邊無際，不免有些淒楚和感傷，心想：什麼時候才能離開這個孤零零的島嶼呢？等靜下來仔細一想，天地其實都是在積水之中，整個中國也是在浩瀚的海洋中。既然如此，凡是生物又有誰不是住在島上呢？從大看小，從天地來看海島，萬類皆在「島」中，我又何必這樣愁苦呢？把一盆水倒在地上，上面飄浮著小草，一隻小螞蟻趕緊攀附住小草。小螞蟻四顧茫茫，不知道怎樣才能渡到「岸」上。過不多久，水乾涸了，螞蟻便回去了。見到同類後，它還一把鼻涕一把淚地說：我差點兒見不到你們了，誰知頃刻之間，出現了能兩車並行、八面相通的大路啊。（《試筆自書》）

東坡想到這些，釋然一笑。

人啊，有時就是不能換個角度想一想，跳開來想一想，或是站高一點想一想。丟了個女朋友，便覺得自己一生的幸福都沒了，尋死尋活的；事業上受了點打擊，便整天鑽牛角尖，抑鬱煩悶，無法解脫。其實，世界大得很，生活的道路寬得很。如果我們能像東坡先生那樣，登到泰山頂上來俯瞰一下自己的小山包一樣的煩惱，自己也許會覺得好笑，隨之也會輕鬆起來。

最大的痛苦往往來自自己的心靈，那麼眞正的解脫，也必然首先是心靈的解脫。只有精神負擔徹底解除了，行動上才能振作起來。愛情的挫折、生活的磨難、事業的打擊以及其它種種不幸，人們要眞正最終戰勝它們，還得靠自己。

隨遇而安

戰勝人生的苦難，隨遇而安，有時候也是很有必要的。隨遇而安本無褒貶。它說的是人能適應各種環境，在任何環境中都能安心。

人們今天談起隨遇而安，每每有些微辭，似乎它與安於現狀、胸無大志是一回事兒。其實對隨遇而安應作兩面觀：如果這個「遇」是安逸、舒適，或奢華、富貴，安於這種環境而不思奮鬥，不求進取，這無疑是不足取的；如果這個「遇」是冷寂、貧困，甚至是險惡、是苦難，能在這樣的環境中安然處之，這又何嘗不是一種人生的高境界呢？

蘇東坡是一個能隨遇而安的人。他說自己上可以陪玉皇大帝，下可以陪村野的乞兒；走運時，當大官時，不志得意滿，得意忘形；倒楣被貶時，也能怡然處之，苦中求樂。

初貶黃州，當地太守讓東坡住在長江邊上的一個小亭子裡。按常情，一個京城裡來的貶官剛遭厄運，心裡不說淒風苦雨，至少也是陰氣沈沈。但東坡不然。

他給一個朋友寫信說：

我的住所離長江不到十步遠，風濤煙雨，朝夕變幻；南國山水就像一桌豐盛的筵席擺在我的面前，這種幸運恐怕不是一般人所能享受的。

後來，東坡在亭子旁邊又加了一個書房，他不無誇張地說：他午睡醒來，忘了自己置身何處，窗簾拉起，於坐榻之上，可以望見江上風帆上下，遠望則水天相接，一片蒼茫。

這山川之美，來自自然本身，更來自東坡恬淡曠放的胸襟。只有超越了榮辱得失的人，才能保持樂觀的心境，也才能保持對自然美、生活美的愛戀之情。

貶謫黃州期間，東坡曾寫過一首很有趣味的詩——《豬肉頌》，充滿著生活的情趣：

淨洗鍋，少著水，柴頭罨煙焰不起。待他自熟莫催他，火候足時他自美。黃州好豬肉，價賤如泥土。貴人不肯吃，貧人不解煮，早晨起來打兩碗，飽得自家君莫管。

往日榮華富貴，今朝躬耕村野，能淡然處之，樂在其中，實非易事。

隨遇而安，這四個字本身，就已包含著灑脫曠達的襟懷，和忍耐堅毅的精神在內。安於貧困，安於微賤，安於寂寞，樂天知命，隱忍負重，其意義、其難處有時並不在奮力抗爭和努力進取之下。

退一步想

隨遇而安，要「安」的主要還不是肉體和行動，而是心理和精神，常說心寬而後體胖。

《列子》上說，有一天孔子遊覽泰山，看見榮啓期在郕邑郊野行走，穿著粗糙的皮裘，腰裡繫著繩子，一面彈琴，一面唱歌。孔子問他：「您這樣快樂，爲的是什麼呢？」他回答道：「我快樂的原因有很多：自然生育各種飛禽走獸、昆蟲魚蝦，只有人最尊貴。我能夠做人，這是第一種快樂；人有男有女，男的尊貴，女的卑賤，我能生爲男人，這是第二種快樂；人生下來，有的沒有看到日月便夭折，有的還沒脫離懷抱便短命，我卻活到九十歲了，這是第三種快樂。貧窮是人的一般情況，死亡是人的必然結果，安於一般情況，等待必然結果，還有什麼憂愁呢？」孔子聽了讚嘆道：「好啊！這是能夠自己寬解的人。」

這個榮啓期大概就是我們常說的「窮快活」。窮快活是不是有點阿Q精神？是不是有點自欺欺人的味道？當然有一點。但我們試想，在無可奈何的情況下，窮而快活，不是比窮而愁苦更好些嗎？

我們並不主張一切認命，逆來順受。就是說，只要有一線希望，就要付出百倍的努力。但是，生活中有些目標，怎樣努力也無法達到；有些苦難，怎樣掙扎也無法逃脫；有些損失，怎樣痛苦也無法挽回。有時候，抗爭和死亡幾乎是同義語。

在無法反抗的命運前，順應自然，保持心情的平穩，對求生存有很大的幫助。就像水之順應方圓，人啊，有時也得順應命運的潮流，隨時隨俗，自得其樂，抓住幸福的機會。無謂的怨天尤人，弄得自己心力交瘁，這是最強韌、也是最聰明的生存方法。

狐狸在葡萄架下幾經奮力，終一無所獲，在這時候來一點「酸葡萄心理」不是比再爭扎幾次更好嗎？一廂情願的愛情中，苦苦追求是不是還不如及時作「酸葡萄」想，瀟灑地揮手作別呢？天涯何處無芳草啊！

海上遇難，抓住一根木頭，任其飄流，靜心等待，常常比僅憑自己的力量游到陸地更實際些；面對無法申訴的冤屈，隱忍也許比抗爭更能保全自己。

所以，東坡落魄山野，粗茶淡飯仍吃得香噴噴的，啃羊骨頭也津津有味。東坡說：嶺外貶地與通都大邑並沒多大區別；瘴癘害人，但別個地方也照樣生病；這裡缺醫少藥，但國醫手中也有死人。

退一步想，天地更寬廣，逆境也不那麼可怕了。對於無法挽回的事，對於無法逃避的際遇，就要想開點，不要強求不可能的結果。

生活是美好的

人，對於無可奈何的事兒，要拿得起，放得下，想得開。人們常說的要「會想」，是很重要的。所謂會想，也就是自我寬解，自我安慰，自我解放。

東坡就是很會想、想得開的人。貶到長江邊的黃州，東坡自我安慰：這江水差不多一半是自己家鄉峨嵋山雪水融化，天天飲長江水，不是像在故鄉一樣嗎？

貶到海南島，這裡苦得不能再苦，東坡卻這樣說，幸虧這裡沒有瘴氣，民風也很淳樸。

說到這裡，我們記起了俄國文學家契訶夫的一篇文章——《生活是美好的——對企圖自殺者進一言》。這篇小文章對於那些陷入困境、遭遇不佳的朋友，可能會有啓示，我們不妨轉錄於此。文章是這樣的：

生活是極不愉快的玩笑，不過要使它美好卻也不很難。爲了做到這一點，光是中頭彩、得勛章、娶個漂亮的女人、做好人出名，還是不夠的，這些福份都是無常的，而且也很容易習慣。爲了不斷地感到幸福，那就需要善於知足，很高興的感到：「事情本來可能更糟呢。」做到這一點，原是不難的。

要是火柴在你的衣袋裡燃起來了，那你應當高興，而且感謝上蒼：多虧你的衣袋不是火藥庫。

要是有窮親戚上門來找你，那你不要臉色蒼白，而要喜氣洋洋地叫道：「挺好，幸虧來的不是警察！」

要是你的手指頭扎了一根刺，那你應當高興：「幸好，幸虧這根刺不是扎在眼睛裡！」

如果你的妻子或者小姨子練綱琴，那你不要發脾氣，而要感謝這份福氣：你是在聽音樂，而不是在聽狼嚎或者貓的音樂會。

你該高興，因爲你不是拉長途的馬，不是毛毛蟲，不是豬，不是茨岡人牽的熊，不是臭蟲……你要高興，因爲眼前你沒有坐在被告席上，也沒有看見債主在你面前……

如果你不是住在十分遙遠的地方去，那你一想到命運總算沒有把你送到更遙遠的地方去，你豈不覺著幸福？

要是你有一顆牙痛起來，那你就應該高興：幸虧不是滿口的牙痛起來。

你該高興，因爲你居然可以不必坐在垃圾車上，不必一下子跟三個人結婚。

……

要是你給送到警察局裡去了，那就該樂得跳起來，因爲多虧沒有把你送到地獄的大火裡去。

要是你挨一頓樺木棍子的打，那就該蹦蹦跳跳叫道：「我多麼運氣，人家總算沒有拿帶刺的棒子打我！」

要是你妻子對你變了心，那就該高興，多虧她背叛的是你，而不是國家。

……

依此類推……朋友，照著我的勸告去做，你的生活就會歡樂無窮了。（見《善人集》）

契訶夫的文章當然是一種幽默，表面看似乎有點兒自我欺騙，麻木不仁。實際上，在這詼諧有趣的話語中，的確有某種眞理性的東西。在萬不得已的情況下，凡事作退一步想，兩者畢竟大有區別。

遇到不幸，你老想著「本來不應該這樣的」，越想就越痛苦；你若想著「本來可能比現在更糟的」，這樣想就會輕鬆一些。

扯完這段話，我們再來談談蘇東坡。

知命

在個人生活中，東坡始終能淡泊自持，喜樂如常。這在封建社會的被逐之臣中，是不多見的。「一蓑煙雨任平生」，「休將白髮唱黃雞」。不避風雨，聽任自然，樂觀不懼，相信事物是會變化的，是他處逆境時的基本態度和主要精神支柱。

但是東坡又不是那種無是無非、哀樂不入，或頹喪絕望、詛咒人生的虛無者、悲觀厭世者。相反，他是一個是非分明、感情豐富而熱愛人生的人。

東坡的「知命」觀就十分通達，耐人尋味。什麼是「知命」呢？東坡說：我認為所謂知命，是必須盡到人的最大努力，然後無論成敗都沒有什麼遺憾了。事物有成也有壞，就如同人有生必然有死，國家有興也有衰。人儘管萬事萬物都是這樣，但是，君子養身，凡是可以使自己長壽而延緩死亡的辦法，都儘量去使用；人們治理國家，凡是可以讓它生存發展而避免它滅亡的辦法，也都要盡力採用，直到無可奈何才罷了。這就叫知命。（《妙墨亭記》）

看來，東坡的「知命」與「任命」是兩回事兒。知命，是知道世間的事事物物無不處在矛盾中、變化中，政治上的風雨，個人的榮辱、得失，也不是固定不變的，沒有什麼東西可以久存不變。人失之，人得之，「失於此而得於彼」。這一切都是很自然的。但絕不是聽天由命，而是堅持自己的志向，竭盡努力，事雖不成，也就無遺憾了。

東坡一生堅守儒家爲臣、事君、作人等方面的理想和道德，竭力勉爲，但對於個人的窮通得失卻相當豁達。無論在朝廷或地方官任上，他都能做到不隨人俯仰，不看重利祿，爲官一任，造福一方。有時他明知自己的意見不會被採納，甚至會影響自己的前途，仍然毫不隱瞞自己的觀點。由於他堅持理想，不緘口隨衆，而累遭打擊，但他仍不後悔，失意而不失其正，窮不忘道，在朝憂民，在野憂君，矢志不渝。

如果說，隨遇而安是「窮則獨善其身」，那麼知命則是「達則兼濟天下」了。

今天的人們愛說：過程就是一切；人生的眞正價值和意義，不在最後的結果怎樣，而在追求和奮鬥的過程之中。東坡說的知命，也正是這個意思。

人嘛，壽命總是有長有短，運氣總是有好有壞，能力也是有強有弱，最後的成就也是有大有小。但不管如何，當我們告別人世，回首人生時，想到自己一生一步一個腳印跋涉過、追尋過、奮鬥過，我們都應感到自慰。

曠達篇

動與靜

動與靜，是一對矛盾，是對立的統一，誰也離不開誰。

人以靜爲主

老子講「靜爲躁君」，意思是靜是動的主宰。在靜和動（躁）這一對矛盾中，老子認爲靜是主要的方面。

若從立身行事的角度來看靜與動，靜實在是不可小看。東坡先生對靜就別有一番見解。古人取名兒比現在複雜，除了名還有字和號。東坡有位姓江的友人，請他取個字；東坡使爲朋友取字「子靜」，還專門寫了一篇文章來說這個「靜」字。他說：

人的行動，應以靜爲主。說到靜，它的作用可大啦。靜是人的精神的蓄養之所，有了靜，人的心靈就會充盈；有了靜，人的志向才能穩定；有了靜，人的思慮才會明白。說到靜的道理也很簡單，淡泊自適、心靈自由便靜，性情浮躁、追逐外物就動。

就人的生理來看，晝夜之氣，人們呼吸出入，並沒有什麼不同。然而，人與人比，存有或者喪失差異是很大的，其起因恰恰在於動與靜的分別。

孔子講「學而優則仕」，意思是書讀好了便可以做官。不少讀書人，開始學習一門心思就想當官，當了官又因爲想往上爬而受累。得到了就高興，失去了便憂愁，是憂是樂全看仕途上的得失。每天一早起來，與各種事情打交道，合自己的意就高興，否則就很惱火，是喜是怒總是受外在事情的主宰。耳朵喜歡聽悅耳的聲音，眼喜歡看漂亮的色彩，嘴巴喜歡嚐鮮美的味道，鼻子喜歡嗅芬芳的氣味，愛慾總是受外物的牽制。

人，內心沒個主兒，盲目追隨那些外在的東西，就像盲人騎瞎馬到處亂撞，東奔西跑，時常變化，那平時所蓄養的東西，還能保存得住嗎？自己茫茫然，還能分辨清人的是非和物的眞假嗎?!

因此，聰明的人學習首先要辨道，辨道先要求其本性。人的本性正了，就能靜；靜了才會安定；安定了才會空虛；空虛了才會明智。（這個虛，是虛懷若谷的虛）。外在之物來了，我並沒覺得增加了什麼；外在之物去了，我也不覺得損失了什麼。這是因爲我的欣喜愛惡並不是這些外物所決定的。如果心中有主見，性靜情逸，便可榮辱不驚，糞土當年萬戶侯，世事於我如浮雲。反之，一天到晚孜孜汲汲，患得患失，唯名利是求，自然會心動神疲。

靜是萬物之鏡

東坡的動靜觀，在很大程度上是受老莊的影響，當然也有變通和發展。

靜，在老莊那兒又叫虛靜。《莊子．知北遊》上記載著孔子和老子的這樣幾句對話：

孔子問老聃：今天有空，請您講講什麼是最高的道吧。

老聃回答：你齋戒吧。清洗你的內心，打掃你的精神，打破你的知識。

老莊認爲，靜是認識至高的「道」的基礎。它要求人像無知無慾、棄聖絕智，這當然帶有神秘色彩和消極因素。但是，它也有積極的方面，那就是要求人在精神上達到異常清醒地認識客觀事物，能夠不受任何主觀或客觀因素干擾，從而達到深入掌握事物本質的「大明」境界。

莊子認爲，人能達到虛靜，就好像水靜下來，塵物下沈，極爲清明，能照見一切。心靜下來，排除了各種雜念雜事，就能像鏡子一般，清晰地照見天下萬物。《莊子·天道》篇說：

聖人的安靜，不是因爲安靜有好處才尋求它，而是任何事情都不能使他掛心，所以才能安靜。水安靜，明亮得能照見人的鬍子眉毛，平得能作爲標準，建築師要用它來確定平面。水靜尚且透明，何況精神呢？聖人的心靜啊，是天地的鏡子。虛靜、恬淡、寂寞、無爲，是天地的水平儀，道德的最高峰，所以帝王聖人都生活在這個境界裡。生活在這裡心就虛曠，虛曠才是眞正的充實，充實就是合理；虛曠才能安靜，安靜才能行動，才是眞正的充實，充實就合理；虛曠才能安靜，安靜才能行動，行動就有收獲；安靜就會無爲，無爲則管事的各負其責。無爲就悠悠自在，悠悠自在憂患就不放在心上，壽命就會久長。

虛靜、恬淡、寂寞、無爲，是萬物的根本。

從上面的論述我們看到，莊子的靜，是與他以「道」爲本的天道觀和以「無爲」爲本的政治觀聯繫在一起的。他過分輕視甚至否定動、否定實踐的作用，這當然不足取。但強調人的認識和行動，要排除來自內心和來自外界的干擾，又有可取之處。

東坡講靜，主要取老莊的精華，強調人要自個兒有主心骨，不要被外物所累，被得失所累，而要掙脫名利、愛慾的纏繩。的確，水靜了，才能澄徹透明，塵物自現；人靜了，方可心明眼亮，辨識萬物，主宰自我，有所作爲。

靜故了群動

這個「作爲」，可以是建功立業，可以是修身養性，也可以是作文作詩之類的事情。

晚年的蘇東坡，追慕一種超逸的藝術境界，在美的創造上提出了一個很著名的觀點：「靜故了群動，空故納萬境。」他在一首給佛教徒朋友的詩中說：

欲令詩語妙，無厭空且靜；
靜故了群動，空故納萬境。
閱世走人間，觀身卧雲嶺。
鹹酸雜衆好，中有至味永。
詩法不相妨，此語當更清。

《送參寥》詩

要寫出眞正的好詩，就需要「靜」和「空」。「靜」可以排斥外物的各種干擾，凝神靜氣地觀察、思考外物，這就是「靜故了群動」；「空」可以容納宇宙萬物於一懷而又不滯於物，這就是「空故納萬境」。

俗諺說：「火要空心，人要虛心」。這個「虛」可以是謙虛，也可以是虛靜、空寂。從後一種意義上理解。這「虛」和東坡的靜與空差不多。從事藝術創作，就是需要一種空靜的精神狀態。一個受紛紛擾擾俗事打攪，或者斤斤計較個人得失、整天盤桓著利害關係的人，是很難集中精力於藝術創作的。比如說繪畫，首先要人品高，內心清靜，沒有庸俗的名利考慮，然後才有可創造出上乘佳作。在古人看來，成功的文藝創作，不僅需要有一個安靜的客觀環境，而且更需要藝術家主觀上有空靜的內心境界，要像陶淵明那樣「心遠地自偏」。古人講「詩品出自人品」，東坡論書法講「心正則筆正」都是這個道理。

詩道也是人道。東坡談文藝創作上的空靜，對我們處世做人是有啓發的。人們常講做人要「虛懷若谷」，這個「虛」不正包含有空和靜嗎?胸懷像山谷那樣深而且寬廣，就如同創作中「靜故了群動，空故納萬境」，可以明察秋毫而又海涵萬物。心胸偏狹，浮躁不安，既不能容事，也難以容人。

淡泊自適，耐得寂寞

靜，當然主要是內心的平和恬淡。東坡主張，爲人處世不可一天到晚想著升官發財，名利得失，而應該對事物得之不喜，失之不憂，保持心平氣和、淡泊自適的境界。

這口頭說說容易，若實踐起來是很難的。心靜，意味著要耐得住寂寞，不受種種誘惑。生在凡俗的塵世，人都吃五穀雜糧，也都有七情六慾，要想內心沒有一點兒雜念，絲毫不受外界的干擾，談何容易！

許多時候，人只有抵擋得住種種誘惑，安貧樂道，耐得寂寞，堅定地走自己的路，才能有所成就。

「下海」好不好?當然不能一概而論。就個人而言，若你水性好，或適應力強，有游水潛水的潛力，下海當然可以，社會也需要一些人下海弄潮。如果你天生是個旱鴨子，陸地更適合你施展本領，又何必一定要下海呢?有些人本來適宜做學問，或從事專業技術工作，看到別人大把的撈錢、花錢，住寬敞舒適的房子，甚至頻繁出國出境，自己也坐不住了。不是根據需要，也不是根據個人實際，而是讓名韁利索牽著鼻子，盲目追逐潮流，這樣「下海」，除了嗆幾口水可能別無收穫。

我們覺得，面對五色斑斕的生活，面對形形色色的誘惑，更要有屈原「世人皆醉我獨醒」的精神。時下，尤其需要一個「靜」，這個靜，有清靜、安靜、冷靜、鎮靜，不為紛紛擾擾的外物所影響，不受內心各種雜念的干擾，依據自己的個性和特點，堅定不移地追求自己的目標。這樣，就有可能做到東坡先生說的「靜則定，定則虛，虛則明」，從而達到一種較高的人生境界。

靜而達

老莊講靜，佛家也講靜。東坡先生靜的思想中，也有佛家的影響。不過他對佛學思想的吸取和接受，是有所選擇和保留的。他並不沈溺於玄奧的教義，而是採取「為我所用」的態度，也就是吸取佛經中道理淺顯的虛設言辭，以供自己洗去心靈上的污垢。此外，他認為學佛主要是取其「靜而達」的觀察問題的方法，以保持達觀的人生態度。（《答畢仲舉書》）

這個「靜而達」是很有意義的。靜與達事實是有一種互為因果的關係：心靜才可能漸漸達觀；只有達觀，心才可能靜得下來。

比如說對待錢財，有句老話叫「人為財死，鳥為食亡」，這看來只適合那些貪婪的人。能做到「靜而達」的人，對錢財就能採取相對超然的態度，有固然好，沒有也不刻意追求。憑誠實工作賺錢心安理得，不擇手段撈錢終有報應。

在達觀者看來，錢財並不是一切。最貧窮的人往往是那些守財奴。換一角度看，人活著與其靈魂空，不如錢袋空。事實上，人活著沒有錢固然是窮，無知尤其是更窮。

達觀處世，心氣平靜，別人發財我不眼紅，別人升官我不嫉妒，別人出國我不羨慕。人若能這樣，心靜得住，腳立得住，行靠得住，一步一個腳印向前走，誰是眞正的強者還說不準呢！

在某大學就有這樣兩位學者：一個少年發跡，早有名氣，因爲出名時太年輕，本人對名聲又很感興趣，一生在名利場上沈浮，結果年歲越大反而名氣越小，最後終無人知曉了。另一個五十歲前幾乎毫無知名度可言，甚至在本大學裡也沒有幾個人知道他的姓名，但他的態度是，你說我不行我就承認不行，你說我沒名氣我就不要這名氣，甚至你不給我升上教授我也不計較。這位靜而能達者，認準自己的目標，默默耕耘，第一本專著出來後，令人們大吃一驚，不僅因爲是有一本書，而且是因爲它的理論觀點和學術影響；第二本專著出版後，更是名聲大振。這也許就是，板凳坐得十年冷，冷到極處便是熱。

靜可制動

靜，表面上看來只不過是一種心理狀態，或者是心理素養，實際上它也是行爲藝術。人處在世事紛擾中，總是要有所動，有所爲。靜本身並非目的，就像老莊的「無爲」實質上也是一種「爲」，靜也是一種特殊的動，更何況求靜最終是爲了更有效地修身齊家治國平天下。

蘇軾就說：天下的人都追求勇武，而你卻能虛靜自持，這樣天下的勇者都可能聽你指揮。就好像許多人都很貪，而你卻很廉潔，給點甜頭到那些貪人，他們便受你控制了。（《孫武論》）這就說明一個道理：廉可制貪，靜可制勇，也即靜可制動。

《莊子》上講了這樣一件事兒：

衛國的君主獨斷昏聵，顏回打算去解救處在災難中的衛國。在送別這位弟子時，孔子告誡他說：

用火不能救火，用水也救不了火。你想用才智去爭取，用道德去感動暴君，這不等於揭人家的瘡疤去顯示自己的聰明和高尚嗎？這恐怕和害人沒有什麼區別，害人的人被別人所害，你弄不好要遭人陷害。

可取的辦法是，你在衛國那個牢籠裡行動，要做到不為名利所動，衛君聽得進你就說，否則就沈默，叫人捉摸不透，就能不受傷害，一切都寄托於不得已，這就差不多了。

不走路容易，走路腳不沾地困難；被情慾驅使作偽容易，受天性支配便難以作假；只聽說有翅膀的能飛，沒聽說沒有翅膀的也能飛；只聽說有知覺的東西求知，沒聽說無知覺的東西也求知。

守宙空明澄澈，人若能像大自然那樣虛靜，一片空明，吉祥幸福就會到來。假如不來，那就是身體雖然靜坐不動，心兒卻像野馬一樣奔馳。倘若能靜觀默察，虛懷以待，鬼神都會來投奔你，何況人呢！

《莊子》中的這些話兒聽來不免有點玄乎，但道理倒是很明白的：虛可納實，靜能制動。其實，這種「黃老之術」後來屢屢被士大夫們用來經世治國，還很有效呢。曹參就是如此。

曹參本來是個武將，漢高祖劉邦封他為齊地的丞相。那時天下剛剛安定下來，曹參到了齊國，召集了當地父老和儒生一百多人，問他們怎樣治理百姓。大家各有各的說法，曹參一下子不知哪個更好。後來，曹相國打聽到當地有一個挺有名望的隱士，人稱蓋公。曹參便把他請來，向他求教。蓋公建議他「為政之道貴清靜而順民情」，意思是說治理天下的人應清靜無為，讓老百姓過安定的生活。

曹參依了蓋公的話，盡可能不多去打擾百姓。他當了九年齊相，齊國為之大治，曹參也被齊人稱為賢相。

古往今來，大至治理一個國家，小至治理一個部門、一個家庭，清靜無為，順其自然，常能使國富民安，事業興旺，人心順暢。而不停地「運動」、「鬥爭」，違背自然和社會的規律，往往是「動」而致亂，家國不寧，事業衰頹。這正反兩方面的經驗教訓是發人深省的。

進與退

進很困難，退也不易。就像上山與下山。

人生必然是有進有退，當進則進，當退則退。而有時候，又是進中有退，退中有進。這人生的進退之術的確大有學問呢。

擺脫自我限制

生活中，有人活得很累、很沈重，有人卻活得很輕鬆、很瀟灑。如果說，這兩類人生活的環境、肩負的擔子相差很大，那還好說。有趣的是，有些人各方面情況都差不多的，但他們自身對生活的感受卻大不一樣，甚至恰好相反。

其實吧，人有時是自個兒爲自個兒設牢籠，往心靈上壓負擔，一旦擺脫了自我限制，獲得了心靈的完全自由，便會渾身一下子舒坦許多、也輕鬆許多。

光這樣空說似乎還有點兒費解，東坡先生的一篇遊記可算我們這段議論的一個注釋。

貶居惠州時，有一次東坡去遊松風亭。這個亭子在山上。爬山爬了好長時間，東坡累得腰酸腿痛，心想就在這林子裡歇會兒。抬頭向高處遠望。松風亭好像高高地掛在樹梢上，還遠著啦！東坡想這麼高什麼時候才爬得上去呀？過了一會兒，東坡好像恍然大悟，說道：「這裡又有什麼歇不得、遊不得呢？難道非要上亭子不可？」這樣一想，他猶如上了鉤的魚，忽然解脫了。人們如果悟到這一點，就是上了戰場，兵陣相接，鼓聲如雷，前進可能死於敵人手下，逃跑則可能被軍法處死，這時好好歇息一番又何妨呢？（《記遊松風亭》）

說到如此情景，我們可能都有這樣的體會：去登一座名山，直奔主峰，一是有點兒不到頂峰非好漢的氣概，二是聽說峰上有日出、佛光、雲海，特別迷人。於是，登山者往往對沿途風光不屑一顧，上到頂峰，人已是滿頭大汗，累得渾身像散了架似的，結果沒看到日出，也沒有佛光，偶見雲海，又覺得不過如此，大有此山徒有虛名的感覺。

若我們換一種方式，不硬為自己訂個目標，而是走到哪兒算哪兒，走到哪兒玩到哪兒，不慌不忙，一路走去，從容賞景，你會覺得處處都美不勝收，還常有意外的發現與驚喜。因為自然美不僅在山水自身，還與欣賞者身體是否舒適、心情是輕鬆愉快很有關係。

人生之路有點像旅遊，有時因確定一定不甚恰當的目標而不勝其苦，一旦放棄這個目標，就如釋羈絆，輕鬆自在。

進退不強求

東坡先生主張，人應當任憑自然，進退不強求。他說：「我將自己整個都交付給了老天爺，聽其運轉，順流而行，遇到低窪就停止；這樣不管是行，還是止，都沒有什麼不好的了。」（《與程秀才書》）

就像大自然有晴天也有陰雨，有寒冬也有暖春，人生本來就不會一帆風順。萬事如意只是人們的美好願望。

東坡講進退自若，莊子主張窮通皆樂，這其實是同一種人生哲學，進退是說人主觀的態度和行動，窮通是指人實際的境遇。窮，既是生活上的貧困，又是政治上的失意；通，既是指生活上的富足，又是指仕途上的得意。莊子認爲，凡事順應境遇，不去強求，才能過著自由安樂的生活。這樣看來，進退是人處窮或處通時的行爲。東坡認爲，人只有安於時代的潮流，因任自然的法則，才能進退裕如，窮達皆樂。

生活中的許多事有時就像年輕人談戀愛。一對青年男女，從相識到相戀，最後是否能水到渠成，結成美滿姻緣，那要看天意了。俗話說，強扭的瓜兒不甜。如果兩個人相互了解了，彼此思想、情趣、性格相差甚遠，一方想散，一方緊追不放，這並沒有什麼好處。好鴛鴦棒打不散，沒緣份風一吹都散。這緣份就是一種自然而然的東西。人若明智豁達一點，就會該進就進，該退則退。得到應屬於自己的東西固然高興，失去本不屬於自己的東西也該釋然一些。

知難而退

進，常常指進取、進攻、前進，對它人們多持肯定態度，知難而進尤其受人們的推崇。退呢，總是讓我們想起退守、退隱、退讓、後退之類的意思，人們多以爲退不如進好，知難而退尤其不可取。

一般說來，這態度不錯。但這也不絕對。

《左傳》上說：「見可而進，知難而退，軍之善政也。」這意思是說作戰時要見機而動，知道可以進攻就進攻，知道敵方難以進攻便退卻，這是積極的原則。「知難而退」這個成語就是出自這裡。

《左傳‧宣公十二年》上還記載著這樣一個故事：

公元前五九七年初，鄭國依附於晉國。不久，楚王領兵攻打鄭國，將鄭國都城圍困了十七天，弱小的鄭國實在招架不住，就和楚國講和，歸順了楚國。

晉國聽說楚國攻打鄭國，於是派荀林父、士會、郤克、先縠等領兵援救鄭國。軍隊到了黃河邊，聽說楚、鄭已經講和，而且訂立了盟約，荀林父就想撤兵回去，士會也同意這樣，並說：「能進就進，知難而退，這是善於治軍的作法。現在楚國很強盛，我們還是退兵爲好。」

先縠不贊同他們的看法，並單獨率領自己的人馬渡過黃河，準備與楚軍決戰。沒辦法，荀林父也只好指揮軍隊跟隨。兩軍交戰，晉軍損兵折將，大敗而歸。

這歷史的教訓，說的是軍事，也是人事。用兵之道與謀身之道多有相合之處。在生活中，該進的時候不能退縮，瞻前顧後，前怕狼又後怕虎，常常錯失良機。而該退的時候，不能審時度勢，而是魯莽行事，貿然前進，碰個頭破血流，便一點兒也不奇怪了。

正像不懂得休息或不眞正懂得工作，不知道退守的人，也不能眞正掌握進取的眞諦。

退一步路更寬

我們講進退因任自然，並不等於一切聽天由命。如果退是爲了以後再進、暫時放棄目標是爲了最終實現目標，那麼這退中本身就有進了，這種退是一種進取的策略。

俗話講，退一步路更寬。暫時退卻，蓄精養銳，等待時機，重新籌劃，這樣再進便會更快、更好、更有力。

有時候，不刻意追求反而可以有所得，追求得太迫切、太執拗反而只能白白增添煩惱。以柔克剛，以退爲進，這種曲線的生存方式，有時比直線的生存方式更有成效。

一位留美電腦博士學成後在美國找工作，有個嚇人的博士頭銜，求職的標準當然不能低。結果，他連連碰壁，好多家公司都沒錄用他。想來想去，他決定收起所有的學位證明，以一種「最低身份」再去求職。

不久他就被一家公司錄用爲程序輸入員。這對他來說簡直是高射炮打麻雀，但他仍然幹得認認眞眞，一點兒也不馬虎。不久，老板發現他能看出程序中的錯誤，不是一般的程序輸入員可比的。這時他才亮出了學士證書，老板給他換了個與大學畢業生相稱的工作。

過了一段時間，老板發現他時常能提出一些獨到的有價值的建議，遠比一般大學生要強些，這時他亮出了碩士證書，老板見後又提升了他。

再過了一段時間，老板覺得他還是與別人不一樣，就對他「質詢」，此時他才拿出了博士證書。於是老板對他的才能已有了全面的認識，毫不猶豫地重用了他。

這位博士最後的職位，也就是他最初理想的目標。然而直線進取失敗了，後退一步曲線再進，終於如願以償。

以退爲進，由低到高，這既是自我表現的一種藝術，也是生存競爭的一種方略。跳高，離跳高架很近，想一下子就跳過去並不容易。後退幾步，再加大衝力，成功的希望可能更大。人生的進退之道就是這樣。

煩惱皆因強出頭

人生進也好，退也好，都要適時而變，不可強求。一般講，人望高，水望低。誰不想出人頭地、誰不想轟轟烈烈過一生呢？人們大都不甘於平凡，總覺得人生如果太平凡、太普通，就沒有大意思，尤其是年輕人，更是珍惜一生難再的青春，總想在人類歷史上留下一點痕跡。古代甚至有人立下這樣的豪言：要麼名垂千古，要麼遺臭萬年。

但是，古往今來、普天之下，還是平凡的人生遠多於非凡的人生。實際上，要做一個非凡的人很難，能安於做一個平凡的人也不容易。人品萬殊，絕大多數人只能平平凡凡、普普通通過一生，只有極少數人才能叱咤風雲、青史留名，做個不朽而非凡的人。萬具枯骨，才造得一將成功；小兵小卒，哪能都成為有名的英雄。

平凡的人生，不見得好，也不見得不好；非凡的人生，也不見得好或不好。一個人如果看得破、看得透，平凡的人生，正好樂得自在。如果一個只能平凡過日子的人，想要不凡其一生，無異於自討苦吃。常言道：「煩惱皆因強出頭。」有位作家曾風趣地說，猴子爬得越高，尾部又禿又紅的醜相就愈加顯眼；自己不知道身上只穿著「皇帝的新衣」，卻忙不迭地掙脫「隱身衣」，出乖露醜。好些略具才能的人，一輩子掙扎著求在人上，虛耗了畢生精力，一事無成，眞是何苦來呢！

西班牙諺語說：「幹什麼事，成什麼人。」人的尊卑，不靠地位，不由出身，只看你自己的成就。今人說：「是什麼料，充什麼用。」假如是一個蘿蔔，就力求做個水多肉脆的好蘿蔔；假如是棵白菜，就力求做一棵結結實實的包心好白菜。相反地，一枝野菊花，硬想成爲國色天香的牡丹，那就只能白費氣力，枉添煩惱了。

所以，蘇東坡說人要「知命」，即是說人一方面要盡自己的努力，另一方面又要順乎自然，不作徒然的勞碌和抗爭。平凡的人生是最眞實的人生。一個人能安於平凡，又盡力而爲，努力不懈，這平凡者既有知足的快樂，又有追求和成功的喜悅。

人怎麼過一生呢？既不要太勉強自己，又要首先對得起自己。

憂與樂

憂愁與快樂，有如一對形影不離的同胞兄弟，隨時隨地會出現在我們的生活中。

就像趨利避害一樣，人們總是喜歡快樂，討厭憂愁。殊不知，沒有憂愁，哪會有快樂？不經過憂愁，飄然而至的快樂又有什麼份量呢？

更何況，讓人成熟、練達、睿智的往往是憂愁，而非快樂。就像失敗比之於成功，也許更有益於人的成長和完善。

悲傷與快樂

草木有枯榮，人事有興衰。春風得意，左右逢源，事事如願，處在這種順境中的人當然充滿了快樂；屋漏遭雨，雪上加霜，處處倒楣，誰碰上了這等事兒都難免悲傷。

東坡說，人的喜怒哀樂一般是這麼回事兒，但若曠達一點、灑脫一點，又不全是這麼回事兒。一位朋友不幸丟了官，東坡這樣勸勉他：

你丟了烏紗帽，有什麼人為你悲傷比得上你自己的悲傷嗎？有旁人像你的父兄妻子一樣悲傷嗎？恐怕沒有。你自個兒如此傷心，是因為得失的計較使你陷入迷惑之中；家人那麼傷心，是因為對你的愛使他們陷入了迷惑中。倒是那些不相干的外人，因為沒有什麼迷惑，自然也就不悲傷了。

迷惑則悲傷，不迷惑就不悲傷。人到底是應該以迷惑為正確呢，還是以不迷惑為正確？如果以不迷惑為正確，那麼不悲傷才是對的。

其實，即便丟了官，你又何嘗沒有快樂呢？要我說，你之所以是你，難道全是由於你的官銜嗎？如果不是，那麼你之所以是你的東西依然存在，那當然值得快樂和慶幸。

現在你不快樂，反而非常悲傷，你的親人見你這樣他們也高興不起來，而你的敵人見你痛苦他們反倒幸災樂禍。若你自己對得失採取一種超然的態度，那些因愛你而悲傷，或者因恨你而高興的人，對你的認識就是很膚淺、很皮毛的了。

只有那些因為知道你之所以為你的東西還在的人，才算眞正深刻地認識了你。

一個人，如果懂得了錢財、官位、爵祿這些東西都是身外之物，而不是人最根本的東西，那麼他就可能長久地遠離悲傷，與快樂相伴。（《明正》）

東坡的看法是很達觀的。一般來說，像錢被小偷扒了，房子遭了火災，受排擠丟了官等等，誰輪上這些事兒，都不免有些苦惱、憂愁。但事已既成，木已成舟，無法挽回，過分沈溺於悲傷之中也是沒用的。這時候，想想東坡先生的話，不能說是自欺欺人。生活實際上是這麼個理兒。

俗話說，留得青山在，不怕沒柴燒。如果我們把金錢、財產、官階這些東西比著「柴」的話，那東坡先生說的丟了官，其實不就是丟了幾根木柴棒子嘛！這當然犯不上悲傷不已了。

所以，智者說：丟了錢財。損失很小；壞了身體，損失很大；若失去了精神，便一無所有了。沒有精神支柱，患得患失，既有的東西也會喪失；富有精神力量的人，超越得失，失敗了也能東山再起。

不以物喜，不以己悲

東坡對友人的勉慰，很容易讓我們想起北宋名臣范仲淹的《岳陽樓記》。湊巧的是，兩人談的中心意思都是悲與樂（或喜）。

據《宋史》說，慶曆四年的春季，滕子京被貶到巴陵郡太守，那是因爲有人告發他貪污公款。有無這件事，我們且不去管它。滕子京到貶所岳州（就是現在湖南的岳陽）以後，重修岳陽樓。他當時遭了貶，覺得很委屈，悲憤愁苦，牢騷滿腹，打算等岳陽樓竣工之後，憑欄大哭一場，以發洩心中的悲苦憤懣。

范仲淹的《岳陽樓記》就是在這樣的情況下，受滕子京之約寫的。作者寫景也寫情，著眼於哀和樂，悲和喜。

哀景：淫雨霏霏，連月不開，陰風怒號，濁浪排空；日星隱耀，山岳潛形，商旅不行，檣傾楫摧；薄暮冥冥，虎嘯猿啼。

樂景：春和景明，波瀾不驚；上下天光，一碧萬頃；沙鷗翔集，錦鱗游泳；岸芷汀蘭，郁郁青青；長煙一空，皓月千里；浮光耀金，靜影沈璧；漁歌互答，此樂何極。

哀情：去國懷鄉，憂讒畏譏，滿目蕭然，感極而悲。

樂情：心曠神怡，寵辱皆忘，把酒臨風，其喜洋洋。

范仲淹說：這一哀一樂，一悲一喜，都是「情以物遷」的產物，也就是說，是隨外物和個人的得失而轉移的。覽物而悲不足取，覽物而喜也值不得稱道。

那麼，對待悲喜的正確態度應是什麼呢？范仲淹說，應該像古代的賢人仁人那樣，「不以物喜，不以己悲」，在朝爲官要憂民，在野爲民要憂君，進退皆憂，憂在天下人之前，樂在天下人之後，憂的是天下，樂的也是天下，處於一種憂國憂民的忘我境界。

而在生活實際中，不少人或覽物而悲，或覽物而喜，總是因物而異，在個人的利害得失上兜圈子，喜的是爲自己，悲的也是爲自己，總是逃不脫一個「己」字。

是啊，我們如果能像范仲淹說的那樣，跳出個人恩恩怨怨、利害得失的小圈子，對待一己之恩怨，一時之得失就會淡然得多。心懷天下，自然不會「爲賦新詩強說愁」了。

悲樂由己

是悲還是喜，是憂還是樂，既取決於際遇，更取決於人的生活態度、處世方式。有人山珍海味吃膩了，吃什麼都沒有快樂可言；東坡先生吃粗糧、啃羊骨頭，也能品出無窮樂趣。

同樣的處境、同樣的遭遇，悲觀者苦不堪言，樂觀者自得其樂。當官的貶了官，發配遠方，離鄉背井，有的悲愁抑鬱，怨天尤人；東坡先生貶到黃州，卻能即來之，則安之，自我解脫，自尋快樂。

這也正說明悲樂由己。我們很贊成這樣的說法：一把葡萄乾兒，兩個人吃法不同，感覺不大一樣。樂觀者每次挑最好的一粒吃，直到最後，他總是吃的最好的；悲觀者總是把好的留在後面，每次挑最壞的一粒吃，吃完了，他都是吃的最壞的。

樂觀者和悲觀者有什麼不同？音樂老師還舉出這樣的例子：

幾年前，電視轉播音樂大師梅塔的音樂會。梅塔出場前被掛了一個花環。當他上台起勁地指揮樂隊時，花瓣紛紛落到腳下。

「等他指揮完，」一位女士議論說：「他會站在一堆可愛的花瓣之中。」

「到完的時候，」男士有點憂傷，「他頸上只會掛著一道繩索。」

兩種吃葡萄的方法，對同一事情的兩種議論，恐怕很難說哪對哪錯；但作爲一種生活態度，一種處世哲學，哪一種可取是不言自明的。

我們有理由相信，一個人是悲愁、苦惱，還是快樂、幸福，性情的重要不下於命運。發明大王愛迪生爲尋找適合做燈絲的材料，試驗了一千二百次都沒成功。有人說他失敗了一千二百次，愛迪生則說：「不，我發現了一千二百種材料不宜做燈絲。」說愛迪生失敗了，這不算錯；但愛迪生自己的說法難道不對嗎？生活中的許多問題有時就是這樣，換一個角度看，人的感受不同，結論也不大一樣。悲與喜、憂與樂如此，其它事也是這樣。

想像與實際

趨利避害，棄苦求樂，可以說是人共同的本性。但是，是不是苦事必定有害，樂事必定有利？是不是苦事一定讓人不幸，樂事一定讓人幸福？再進一步，是不是苦事眞的是苦事，樂事眞的是樂事？這些問題，恐怕都不是那麼簡單的。

比如，一個已有家室的中年男子有了外遇，糟糠之妻在丈夫眼中一下子變得又老又醜，既不浪漫也無激情，生活是那麼形同死水，沒有波瀾。而那位新人年輕、漂亮、熱情大膽、感情奔放、不拘禮數，中年男子沈入愛河，覺得自己鳥槍換大炮，一定非常幸福。等到拋棄了結髮之妻，與這位妙齡女郎結爲夫妻，時日即久，激情、新鮮勁兒過了，美艷嬌妻的種種毛病暴露出來，其驕橫、虛榮、奢侈、不顧家等等，讓這位見異思遷者逐漸不堪忍受，當嬌妻頻頻出入於燈紅酒綠之中，丈夫獨守空房時，一種「新人不如舊」的悔恨之情便油然而生。

年輕、美貌、浪漫、熱烈，這當然是好東西呀，是樂事呀，但當你追求它、擁有它的時候，好像最後得到的遠不是最初所期望的，樂事中原有無限的苦澀與辛酸。

再說，當名人好不好呀？許多人連作夢都想出名。一個人一旦出了名，有快樂，也有苦惱。某人一成名人，請拍電影的，請上電視的，請作廣告的，請作報告，請簽名的，還有求贊助的、甚至求愛的，簡直蜂擁而來，一下子沒了節日，沒了假日，沒了平靜和安寧，甚至想和家人輕鬆愉快地吃頓晚飯、安安靜靜度個周末的機會也沒有了；上街還得戴副大墨鏡，把帽沿拉得低低的，否則讓人認出來便無法脫身。更有街頭小刊小報，說不準會冒出一點你的什麼奇聞軼事，甚至無中生有的桃色新聞。所以呀，有一個女影星一再感嘆，做女人難，做一個名女人更難。倘若這個是女人，又是名人，而且是離了婚的，那就活得更難更難了。

正是因爲如此，所以東坡先生說：樂事人人都羨慕，苦事人人都害怕，其實這只是沒有經歷這些事兒之前的心理。一旦苦事或者樂事來到面前，自己親身經歷了，原來與所盼望，或所畏懼的竟有很大的差別。苦與樂並非人們想像的那樣啊！

事實上，在奢侈豪華的生活和簡單質樸的生活之間，在樂事與苦事之間，論快樂和幸福，並沒有多大不同。高職顯位、出人頭地的榮耀，只有在沒有那種能力資格的人眼裡，才值得羨慕。一旦官癮過足之後，做大官的快樂不見得比做個成功的鐵匠的快樂大。只是人們，常常偏執一端，又執迷不悟。

憂樂不在貧富

東坡先生說，樂事可慕，苦事可畏，這是事先的認識。

這話兒我們可引申開來說。就說窮和富吧，當然窮是苦事，富是樂事了。其實呢，苦事中有樂，樂事中也有苦。有時候，貧窮之人天上飛來一筆意外的財富，隨之而來的不僅沒有快樂，反而有種種憂愁。

有這麼個故事，說的是清末民初的時候，有一個山西商人，生意很興旺，發了不小的財，可是這人一天到晚，必須自己打算盤，親自管理錢財賬目。雖然請的有賬房先生，因對外人總也放心不下，總賬還是自己算。這樣，他每天忙到深更半夜，睡又睡不著，年紀又大，當然很苦惱。

商人的鄰居，是一對靠做豆腐爲生的窮夫妻。每天凌晨一大早，夫妻倆便起來磨豆子、燒豆漿、打豆腐。這窮夫妻都是快活人，總是邊幹活兒，邊說笑，快快樂樂。可是這位富商，還睡不著，還在算帳，攪得頭暈眼花。

富商的太太就說：「老爺，看來我們太沒意思！還不如隔壁賣豆腐的這兩口子，他們儘管窮，卻活得很自在、很快樂。」

富商聽太太這樣說，回答：「那有什麼難，我明天就叫他們笑不出來。」於是他打開抽屜，拿了一錠十兩重的金元寶，從牆上丟了過去。

那夫妻倆正在做豆腐，又哼歌，又說笑，聽到門前「撲通」一聲，掌燈來看，發現地上是塊不小的金子，認爲這是天賜橫財，悄悄地撿了回來，既不敢笑也不敢唱了，心情爲之大變。心想：天上掉下來這金元寶，怎麼辦？這是老天爺賜給我們的，當然不能洩露出來讓人知道。藏起來吧，藏什麼地方呢？放在枕頭下面不踏實，放在米缸裡不安全，直到天亮豆腐沒磨好，金元寶也沒藏好。

第二次，夫妻倆又商量，這下發財了，不想再賣豆腐了，打算到什麼地方去買幢房子；可是一下子發的財，又容易被誤認爲是偸來的，這樣左右爲難，商量了三天三夜，這也不好，那也不好，還是沒有想出一個妥善的解決辦法，夜裡睡覺也不安穩，當然再也聽不到這兩口子的歡聲笑語了。

到了第三天，那位富商對太太說：「你看，他們不說笑、不唱歌了吧！」辦法就是這麼簡單。

這個小故事有點離奇，但是，它所揭示的生活道理卻是樸實的、眞實的，而且有普遍性。近年來，每每有報刊披露：女大明星嫁富商，中國姑娘遠嫁中東大亨，具有諷刺意味的是，當她們擁有大量金銀珠寶的時候，快樂和幸福並沒與之俱來。國內一富翁的妻子，辭了工作，住在花園式的洋房裡，過著應有盡有的闊太太生活。然而丈夫常年在外忙碌，極少回家。女主人時間一久，寂寞孤獨，百無聊賴，便養了一隻獅子狗，並餵以鮮肉。人狗相伴，也解解悶兒。周圍幾個同樣際遇的太太過著同樣無聊的日子，便湊在一起搓麻將。一日，那位闊太太搓麻將，忘了回家餵狗。回家後發現自己尚幼的兒子成了狗的午餐。從此她瘋了。這個悲劇性的故事，或許能讓人們對金錢與幸福的關係有新的認識。

超越煩惱

自然，富有並不一定幸福快樂，窮也有諸多煩惱。是人皆有煩惱。

對於大多數人來說，人生絕少美妙之事。如果你認爲高官、厚祿、鉅款、出國旅遊、得諾貝爾獎才是快樂那麼你不會有很多快樂，也許壓根兒就沒法體會快樂的滋味。如果你認爲快樂來自一頓豐盛的晚餐，田野的清新空氣，朋友的一次小聚，一杯酒或是一晌小睡，那麼快樂就隨時伴隨著你。

然而在現實生活中，人們總是對身邊平凡的快樂視而不見，漫不經心，以致讓它悄悄溜走而毫無知覺；對於那些可望而不可即的非凡的快樂，又總是夢寐以求，結果是白白地增添煩惱而無所獲。

作家王蒙對人生的憂樂別有一番見地，可算得上徹悟之人。他有一篇題爲《煩惱》的短文，短而有味，值得一品。

誰能沒有煩惱呢?誇張一點說，生存就是煩惱。

煩惱又是生存的敵人，生存的異化，生存的霉銹。

痴人多煩惱，妄人多煩惱，野心家多煩惱，虛妄的慾望與追求只能帶來一己的痛苦。長生不老的仙丹，點石成金的法術，一帆風順的人生，永遠屬於自己的美貌，光榮與成功，一句話，對於絕無煩惱的世界與生活的渴望，恰恰成爲深重的煩惱的根源，這不是一個無可奈何的諷刺嗎?克服了過分的天眞，克服了過分詩化的浪漫，摒棄了良好到天上去的自我感覺，勇敢地面對現實的一切艱難，把煩惱當做臉上的灰塵，衣上的污垢，染之不驚，隨時洗拂，常保潔淨，這不是一種智慧和快樂嗎?而那被克服、被超越了的煩惱，也就變成了一個話題，一點趣味，一些色彩，一片記憶了。

這是憂與喜的辯證法，苦與樂的辯證法。眞的，生活就像一杯酒，看你怎麼品嚐呢!

己與物

人不是生活在眞空，而是生活在實實在在的現實之中。生活中免不了與各色各樣的事事物物發生關係。這「物」是廣義的，包括名譽、地位、權勢、金錢、財富、聲色、山水等等。人是自己主宰自己，自己主宰外物，還是淪爲外物（如金錢）的奴隸，失卻獨立人格，這是一個恆古而又常新的話題。

游於物內的弊病

凡是物都值得欣賞的地方。既然這樣，也都可以給人以快樂，人不一定非要看雄奇壯麗的名山大川不可。吃酒糟，喝薄酒，都可以醉人；蔬菜瓜果之類的，也可以吃飽。

東坡說，依此類推，我們到哪裡不能得到快樂呢？

人們常常求福避禍，這是因爲福是喜事，禍是悲事。人的慾望是無窮無盡的，而外物能滿足人們的東西畢竟有限。在實際生活中，遇到什麼東西，人們心裡總是老想著這東西是好呀？還是壞呀？是要它呢還是不要。這樣一來，人們哪裡還會有眞正的快樂呢？

人爲什麼這樣？這是人太過於看著外物，游心於物之內，而不是游心於物之外，就會被情慾所累，得不到眞正的快樂和享受。

物不管是大還是小，如果人一旦陷到了這物裡頭，從裡頭往上下左右看，這物肯定是又高又大。鑽到錢眼裡的人，世界上沒有什麼東西比錢更高、更大、更好了。人被高大的外物籠罩住了，就會什麼也看不清楚。這樣，美醜交錯而生，憂樂夾雜並出，這當然是很可悲的呀！（《超然台記》）

人，一旦像東坡先生說的「游於物內」，而不「游於物外」，夢寐以求地沈浸在沒有窮盡的「物」的佔有慾，及其永無止境的膨脹狀態中，人都成了「物」的奴隸，都還有什麼眞正的人生樂趣？錢，可以使人不擇手段；名，可以使人變得虛僞；慾，可以使人失卻理智；權，可以使人膽大妄爲……君不見，在種種物的引誘下，善男信女蛻變爲不法之徒，國家公務員淪爲階下之囚。這「游於物內」，人為物所役，不僅最後會失去人生的樂趣，還會失去人的最起碼的良心和道德。

與「游於物內」的待物態度截然相反的是超然物外。

超然物外

老子說：雖有榮觀，燕處超然。這大意是，雖享有繁華的生活，卻不沈溺在裡面。

這正是一種超然物外，脫出塵寰的人生意緒。東坡先生又正是具有這種曠達精神的人。他在《超然台記》一文中談了自己的切身體驗。

宋神宗熙寧七年（一〇七四）秋大，蘇東坡由杭州通判調任密州（在今山東諸城）知州。我國自古就有「上有天堂，下有蘇杭」的說法，北宋時杭州早已是繁華富足、交通方便的好地方。密州屬古魯地，交通、居處、環境都沒有法兒和杭州相比。

東坡說他剛到密州的時候，連年收成不好，到處都是盜賊，吃的東西十分欠缺，東坡及其家人還時常以枸杞、菊花等野菜作口糧。人們都認爲東坡先生肯定不快活。

誰知東坡在這裡過了一年後，臉上長胖了，甚至過去的白頭髮有的也變黑了。這奧妙在哪裡呢？東坡說，我很喜歡這裡淳厚的風俗，而這裡的官員百姓也都樂於接受我的管理。於是我有閒自己整治園圃，清掃庭院，修補破敗的房屋；在我家園子的北面，有一個舊亭台，稍加修補後，我時常登高望遠，放任自己的思緒，作無窮遐想。往南面眺望，是馬耳山和常山，隱隱約約，若近若遠，大概是有隱君子吧！向東看去是盧山，這裡是秦時的隱士盧敖得道成仙的地方；往西望穆陵關，隱隱約約像城郭一樣，師尙父、齊桓公這些古人的流風餘烈，好像都還存在；向北可俯瞰濰水河，想起淮陰侯韓信過去在這裡的輝煌業績，又想到他的悲劇命運，不免慨然嘆息。這個亭台既高又安靜，夏天涼爽，冬天暖和，一年四季，早早晚晚，我時常登臨這個地方。自己摘園子裡的蔬菜瓜果，捕池塘裡的魚兒，釀高粱酒，煮糙米飯吃，眞是樂在其中。

東坡說，我之所以能時時處處都很快樂，關鍵在不受物慾的主宰，而能游於物外。（《超然台記》）實際上，也正是這樣一種曠達的人生思想幫助蘇軾在逆境中保持對生活的信念和樂觀態度。

人，也只有擺脫了外物的奴役，自己主宰自己，才可能永保心靈的恬靜和快樂。超於物外，官大官小不繫於心，錢多錢少無所謂，有名無名也不在乎，窮通得失淡然處之，這樣不就無往而不樂了？

寓意於物

談到人與物的關係，蘇東坡還提出了「寓意於物」和「留意於物」這樣兩個概念，意思是說，人們對待客觀事物，應該採取隨機寄託而不是執著固滯的態度，這樣就能超越於得失、福禍、榮辱、是非之外，始終保持樂觀的心境。

說的更明白點，「寓意於物」就是以物來寄寓自己的感情，從中獲得喜悅和美感，而不是想佔有它，用來滿足個人的某種奢望和癖好，甚至成爲拜物狂，以至因追求、喪失而產生煩惱和邪念。「留意於物」的含義恰好相反。

所以，東坡先生說：

君子可以把心意寄托在物中，而不可以把心意留滯在物中。寓意於物，即便是微不足道的小東西也足以使人快樂，相應地，就算是「尤物」（也就是優異的東西）也不會給人帶來禍患；留意於物就不一樣了，微小的東西足以帶來禍患，優異之物也難以使人快樂。

《老子》上說：「五色令人目盲，五音令人耳聾，五味令人口爽，馳騁田獵令人心發狂。」這四樣東西，古代的聖人也並沒有都廢棄它們，只不過是聖人僅僅把自己的心意寄寓在這些東西上，而不是貪婪地追求它們，以至於受其左右，不能自拔。

三國時候的劉備雄才大略，但他有很有趣的愛好：結織毛活兒，一次有人給他牛尾巴，他就隨手編結。諸葛亮說：您應該有遠大志向，難道僅僅結毛而已。劉備丟掉牛毛答道：這是什麼話？我結毛只不過是用來忘掉煩惱和憂愁罷了。

晉時名士嵇康，性情恬靜少慾，這人也有個愛好：打鐵。每年的夏天，他總是在家中柳樹下打鐵。晉時還有一個人叫阮孚，此人狂放不羈，他也有個很特別的癖好：做鞋子。一次，他在製做鞋子時嘆道：不知一生中能穿幾雙鞋啊！神態仍然平和自若。

上述這幾個人，都是東坡說的「寓意於物」的人，結毛也好，打鐵也好，製鞋也罷，都僅僅是用來寄托自己的心意或感情，養心怡性，自得其樂，此外沒有絲毫的利害考慮和佔有、貪求心理。

東坡說：這些事兒中難道有什麼音樂美色和香氣嗎？但他們終生喜歡而不厭棄。（《寶繪堂記》）這種對物的態度，就是一種超越了得失、禍福、榮辱、是非的審美態度。人如果能這樣，當然就會樂在其中、其樂無窮了。寄意於物，物可陶情怡性。一朵鮮花，寄意於物的人帶著喜愛愉悅之情欣賞它，而那些留意於物的人則老想著如何據為己有。人生，若多一個審美的胸襟，多幾分超然的態度，少一點利害的考慮，少幾分得失的計較，那人與物的關係也會更單純和美好。

不可留意於物

不耿耿於滄桑變故，不執著於一事一物，寄情於物，陶情怡性，這是對外物的明達態度。但那些「留意於物」的人卻不能這樣。

在古代，對於文人雅士來說，事物之中最可喜，而且足以取悅於人而又不足以移動人心的，莫過於書法和繪畫了。書畫本是高雅的東西，但有些人是想借它圖個虛名，或者是刻意追求、佔有，以滿足個人無休無止的貪慾，這高雅的東西也被變得俗氣了，有時甚至給人帶來煩惱和災禍。

三國時的鍾繇在韋誕的家裡，見到一幅大書法家蔡邕的書法作品，簡直佩服得不得了。他竟然自個兒打自個兒，打了三天，直打得胸青吐血。後來，他向韋誕要這幅字帖，沒有得到。等到韋誕死後，他竟叫人盜墓竊得了這幅字帖。

宋孝武帝身為帝王，他喜好書法。他想要提高自己書法的聲譽，獨占書壇。當時著名的書法家王僧虔不敢過分顯露自己的書法才能，故意用拙筆把字兒寫得不太好，這樣才被孝武帝容納。

晉時的桓玄，生性貪鄙，別人有好字畫，他一定要千方百計據為己有。就連打仗時，他也先叫人把書畫等物裝在小船上。他說：這些東西應該帶在身邊，打仗是有危險的，如有意外，可以輕易運走。大家都笑他。後因篡晉，他被劉裕殺了。

唐朝的宰相王涯酷愛書畫，盡力搜羅。他將到手的書畫都藏在夾牆裡面。「甘露事變」的時候，他被宦官捕殺，書畫也被挖掘，毀壞光了。（《寶繪堂記》）

人們無論是專門從事書畫創作，還是業餘愛好揮筆弄墨，抑或是喜歡收藏書畫作品，這都應該說是雅事。然而，東坡先生例舉的上述幾個人爲畫畫所役，成爲物的奴隸，由於對物的佔有慾發展到對物的崇拜，反而被物所左右、驅使，得到了便高興，失去了就悲傷，甚至奔營、競逐，無所不爲。

高雅的東西一經利慾薰心的人之手，便也俗不可耐了。以佔有爲滿足的人，總是難以從外物中得到眞正快樂的。

東坡自己也是書畫聖手，從小喜歡書畫精品。他說自己年輕時，家裡有的字畫，生怕丟掉了；別人有好的，也很想要。等到後來對人生有所徹悟，便笑自己：不在乎富貴而獨厚愛書法，對生死都無所謂卻看重繪畫，豈不也是厚薄輕重顛倒錯誤、喪失自己的本心嗎？此後，東坡再也不把書畫看得那麼重了。見到自己喜歡的字畫雖然也時常收集，但是被拿走了，也不覺得可惜。就像煙雲從眼前飄過，百鳥的鳴叫從耳邊掠過。持這種明達態度，書畫這兩樣東西，就常常給東坡以快樂，而沒讓他感到煩惱。

書法繪畫只是兩樣實實在在的東西，不同的人生態度對它有不同的處理方式。世間萬物之於人，都像書畫之於人，不可膠著滯留；愛物而不執著於物，人便可時常從物中獲取快樂。

隨物而樂

東坡先生這種種對物的態度實際上體現的是人的情操：有的高尚，有的庸俗；有的純潔，有的醜惡。人的情操不同、精神境界不同，表現出的人生感受、體驗也不一樣。

古人往往把琴棋書畫四者並提，東坡談了書畫，我們再來說說琴棋的下棋一事。這些年來是圍棋熱，男女老少都有不少愛好者，且都能走幾著。這下棋，是不是誰棋下得好，誰就能體會到下棋的樂趣呢？恐怕不能這樣看。蘇東坡會兩手圍棋，但技藝不高，倒是他兒子蘇過下得一手好棋，爺兒倆常常下兩盤；有時東坡在一邊觀陣，看兒子與人對弈。無論輸贏，無論下棋還是看棋，東坡都能樂在其中。

人在下棋時，如果只是把它作爲一種休息、一種消遣、一種娛樂、一種雅趣，那輸也好，贏也罷，都沒有什麼關係。並且，只要你是以下棋爲樂，而不是以輸贏爲樂，那快樂就常與你相伴。

相反地，一個人斤斤計較輸贏，贏了棋就得意洋洋，興高采烈，輸了棋就垂頭喪氣，甚至十分惱火，那他總是免不了煩惱，也總是難得體會下棋的樂趣。天外有天，山外有山，強中更有強中手，圍棋的世界裡也是這樣。

下棋還只是閒情逸致，我們再來看看一下更實際的事——坐車。

某政府單位有位處長升官當副局長，這位四十出頭的少壯派第一天升官，第二天便讓司機把座車開到家門口接自己上班。從家裡到辦公室只有幾百公尺。對於這個副局長來說，這車子是待遇的象徵、是榮譽、是地位、是權勢。這樣的人，實際上已成了名譽、地位的奴僕，哪能隨物而樂啊！

大物理學家愛因斯坦有件事情，恰好與副局長的行爲形成對比。一次，愛因斯坦去見比利時皇后，他不坐華貴的車子，而是自己步行去的。皇后問他爲什麼不坐車子，他回答說：「皇后陛下，這是一次十分愉快的散步啊！」對愛因斯坦來說，車子只是交通工具。

東坡說：「人之所慾無窮，而物之可以足吾慾者有盡」，這在任何時代幾乎都是事實，即使物質文明高度昌盛的今天也不例外。因此，隨物而樂的達觀哲學，雖說對生活是一種出於不得已的退避而非進取的態度，但這種態度也是人生的本來態度。

隱與仕

千百年來，多少文人舉士在歸隱與仕途中矛盾、徘徊。是遁跡山林、嘯傲泉林，還是出官入宦，匡扶社稷？有時難免進退維谷、隱仕兩難。

東坡曾認為，是隱還是仕也許只是個形式而已，身在何處無關緊要，重要的是人的精神是否自由、飄逸。或許因為飽受仕宦之苦，即便是形式上，東坡也是神往隱逸之樂的。

隱居的快樂

古代的讀書人，主要有兩條路可走，隱居或者當官。做官榮耀、顯赫、實惠，但忙忙碌碌，常常身不由己，有許多苦惱；隱居孤寂、清貧，但隨心所欲，自由自在，有許多樂趣。東坡雖然不是隱士，但對隱居的快樂卻領會得很深。

蘇東坡在徐州當太守時，寫過一篇《放鶴亭記》，寫的是當地的隱士，號稱雲龍山人的張君在山上建了一個亭子。這彭城山山崗峰巒環繞四周，高高聳立像大鐵環一樣；這像圓環的大山獨獨西邊是個缺口，約莫有十分之二的一個空當。隱士的亭子，正好就建在這缺口處。每當春夏之交，草木與天相連接；而冬秋雪月，則千里一色。陰晴風雨，瞬息之間，變化多端。隱士有兩隻鶴，馴養得很好、很會飛。每天一大早，隱士就在山的缺口處放飛二鶴，任憑它們到處去飛。兩隻鶴或者飛到池沼中，或者在藍天白雲中翺翔，到了傍晚，它們又都飛回來。

東坡曾經到這放鶴亭上飲酒，邊飲酒邊和隱士聊天。東坡說：「隱居眞是快樂啊！即使貴爲君主，也換不來隱居之樂。《易經》上說，大鶴在背陽的地方鳴叫，小鶴唱和著。《詩經》中也有這樣的句子，鶴在深澤之中鳴叫，那聲音遠遠地傳到空中。這野鶴，淸遠閒放，超然於塵垢之外。難怪人們用它來比賢人君子、隱德之士呢！」

人們今天一提起「閒雲野鶴」，就會不自覺地想起山中林泉的隱士，想起「自由自在」這個詞兒。今天我們已很難見到什麼隱士了，但這種自由的精神還是很寶貴的。人們時常羨慕名人、大人物，不安於當一個默默無聞的普通人。其實呀，尋常百姓往往自有樂趣，他們可以縱情隨志，可以保全眞性。普通人自有普通人的自在和快樂。

自由最寶貴

閒雲野鶴是一種自由自在的情景。

然而，自由的可貴，並不是每個人都能理解的。在一般人眼中，因爲它太普通，往往就容易被忽視。倒是那些失去過自由的人，更能體會到它的美好和珍貴。這也正如老人，更能體會青春的動人和生命的短暫一樣。

《世說新語》上也有一則關於鶴的故事，它也同樣讓我們生出許多自由的聯想。

隱居岇山的高僧支逆林，人稱支公，他酷愛自由：他遠離人世，泠然獨暢，實在是逍遙自在。支公喜愛養鶴，恰好有人扔了一雙小鶴，豈不妙極?支公便將這對小鶴養起來，但當雙鶴翅翼長成，眼看就要凌空飛去，他又惋惜了，於是就將鶴羽剪去。從此煙晨霞夕，長有雲鶴相伴，日子當更充滿樂趣。鳥獸原不過是供人玩賞、食用的，剪去翅羽似乎也無可非議。

然而雙鶴卻不大自在了。想飛又飛不了的鶴垂下頭，看看自己的翅膀，好像有悲傷的情緒。支公見了，一種憐憫、理解之情油然而生，在他內心深處，有了一個前所未覺的發現：人需要自由，鶴不也渴望著自由嗎？它們既然有凌霄之姿，哪會甘心當人的玩物呢？

這重要發現的結果，便促成了支公等到鶴羽再長豐滿時，讓這雙鶴飛歸大自然了。這是支公「好鶴」境界的昇華，是從冷然獨暢，進入與人物共享自由的最動人的轉變。其中所展示的，是對自由的何其仁厚廣大的愛心！

鳥兒尚且熱愛自由，何況人呢？自己渴望自由，別人也需要自由。如果把自己的自由建立在別人的不自由的基礎上，那是難以體會到眞正自由的樂趣的。正像把幸福建立在別人的痛苦上面，自己也不會眞正幸福。

君主並不自由

封建時代的皇帝，至高無尙，權大無比，甚至可以爲所欲爲，這好像是最自由了。其實，皇帝並不自由。

東坡先生就認爲，隱居之樂勝過南面之樂。什麼是南面之樂呢？古代君主臨朝聽政時，都是坐北朝南，南面之樂也就是君主之樂。隱士自由自在，君主卻有許多羈絆。

就拿養鶴和飲酒這兩樣事來說吧。隱士或者尋常老百姓養鶴是一種雅趣，一種愛好，一般講是有益無害，任你怎麼養都行。君主就不能隨隨便便，醉心於養鶴這種事兒。養鶴甚至可以亡國呢！據《左傳·魯閔公二年》記載，衛懿公特別喜歡養鶴，讓鶴乘坐大夫規格的車子，享受公卿的爵位和俸祿。後來，當狄人來攻打衛國時，衛國的士兵都說：「鶴有祿位，派鶴去打吧，我們哪裡會打仗呢？」最後，衛國被狄所滅。看來，普通人縱情隨志影響不大，君主玩物而喪志，就可能殃及整個國家。

再說酒。這杯中之物君主可是貪不得，如果君主喝得醉醺醺地臨朝聽政，沒有不誤事的。我們還沒聽說有沈湎酒色的君主能使天下太平、國家強盛的。但是，同樣是這荒惑敗亂的酒，卻能使人保全眞性，那當然是對普通人而言。據

《世說新語》上說，名士劉伶常常帶一壺酒，坐著鹿車出遊，他還讓僕人帶挖鋤跟著他，說：「如果我醉死了，你就把我埋了。」詩人阮籍則用飲酒逃避世事，晉文帝想同阮籍結親家，阮籍大醉六十天，使這件事不了了之。

看來君主並不是可以隨心所欲的。權力越大，地位越高，責任也越大，顧忌也越多。林海峰可以以棋爲業，一天到晚鑽在棋裡；而一個國家領導人無論是多麼熱愛圍棋，也不能爲了下棋置國事於不顧，否則就是玩物喪志，不務正業。

有人寫了一篇題爲《假如他們不當皇帝》的文章，說的是中國歷史上一些被稱爲「昏君」的皇帝，其實是有才華的，如果不當皇帝，而在他們擅長的領域施展才華，歷史或論會賜給他們一頂桂冠。比如說唐僖宗李儇一天到晚踢球，是一個不錯的運動員，後唐莊宗李存勖一心唱戲，是個有天份的戲劇演員；南唐後主李煜詩文書畫音樂樣樣精通，詞寫得尤其好，那首「一江春水向東流」就是出自他的手筆；還有宋徽宗趙佶擅長書畫，他的「瘦金體」書法自成一家。別有風格。

可是歷史是沒有「假如」的。一任個人的天性、愛好自由發展，這些君主最後卻失去了起碼的自由。徽宗當了俘虜；李煜丟了江山，最後被鴆毒而死。

精神的自由方可長存

行動上的自由總是有限的、相對的。君主身繫社稷安危，不可輕舉妄動，任情逍遙；而普通人、即便是隱士自由也常常只是智慧與理解的同義語。

所以，蘇東坡認爲：只有心靈的自由、精神的自由才眞實、長久。莊子說人可以「陸沈」，東坡詩句有「萬火如海一身藏」。消失於衆人之中，如水珠包孕於海水之內，如細小的野花隱藏在草叢裡，不求「勿忘我」，不求「賽牡丹」，安閒自適，得其所哉。不想什麼「人上人」呀、「出類拔萃」呀、「出人頭地」呀、「脫穎而出」呀，等等，保其天眞，成其自然，這難道不是最大的自由和快樂嗎！

陶淵明的《飲酒》詩中有這樣的句子：「結廬在人境，而無車馬喧。問君何能爾，心遠地自偏。」譯成白話文意思是：在人們居住的地方建造自己的房子，卻聽不到車馬的喧鬧。爲什麼能這樣呢？只要存心遠離塵世，便覺得居住的地方也遠離塵世了。

西方詩人丹尼爾·狄福這樣說：當世界顫抖時，我紋風不動；當雲霧朦朧時，我很平靜；當黑暗籠罩外面的一切時，我的內心仍然明亮。

自由也正是這樣。一個人如果心靈被束縛住了，即便是鬆開他的手腳，讓他自由自在地行動，他也不會覺得自由；有人身陷官場，俗務纏身，行動受到種種約束，但如果他心存高遠，他就會覺得自由與他同在。東坡一生在宦海中沈浮，有幾次還被關進牢獄，但他心懷寬闊，自由的精神並沒失去。

難怪西方的哲人說：世界上最寬廣的海洋，比海洋更寬廣的是天空，而比天空更寬廣的是人的心靈！自由只在心中。

生與死

一想到死，人們便覺得時光一去不回，生命彌足珍貴。或許正是死亡，使生存變得更有魅力、更有意義。如果人永遠不死，活得大概就沒這麼認真而有滋味了。

有人懼怕死神，有人談笑就死。人們對死的探求、對死的思索，實際上正是對生存的探索和思索。

人生自古誰無死，死時人性顯優劣。

有生必有死

歷史上總是有人企求長生不老、萬壽無疆，秦皇漢武，求仙煉丹，封禪祭天，最後也還是成了一坏黃土。古埃及的君主把陵墓（金字塔）建得像宮殿、我國明代的十三陵也很氣派，這是企求聲名不死，然而倘無功業，只有巍巍高陵，誰還記得他們呢？

封建時代的君主，對生死也有看得很透的，漢文帝就是一個。文帝的遺囑不同一般，他說：

萬物有生必有死。死是自然的道理，用不著太傷心的。現在的人，一聽到死就害怕；死了人，爲了出殯、安葬花了很多的金錢、財物，甚至於弄得傾家蕩產，爲了追悼死了的人，過分的傷心、啼哭，甚至於弄壞自己的身子。這些都是不好的，我很不贊成。

文帝還囑咐天下的官吏和老百姓帶孝只准三天，在這期間並不禁止結婚、祭祀、喝酒、吃肉。本族的人也不要像從前那樣赤腳踏地啼哭。帶孝的麻不可太長，三寸就夠了。過去穿孝三年，太長了，現在拿一天當一個月，三十六天就可以滿孝了。

這位明智的皇帝還特別交待，死後把他葬在霸陵（在長安東南），用不著起大墳，也用不著把墳堆得高高的。

然而，這位要求從儉安葬自己的皇帝，並不因爲他的墳墓小，壽命不算長

（四十六歲），人們就忘記他。恰恰相反，這位文帝與他兒子景帝的時代，後人稱爲「文景之治」，就其清儉廉明，而垂範後世。

人有生必有死，但生前德行可以不同，業績也不一樣。期望靠權勢、靠財富、靠法令，甚至靠高大的陸墓來抬高自己，永垂不朽，那實在是徒勞的，有時正好適得其反。無論你是九龍天子，還是黎民百姓，人們能記住的只有高尚的道德和不朽的功業。

當代人更多地勘破生死的大關，或要求薄葬，或囑咐死後捐獻自己的器官供醫學研究，或交待不留骨灰，這當然是社會的進步、歷史的進步，人類對自身認識的進步。

古往今來，生與死的問題困擾過數不清的人。人參透了生死乃是自然的規律，那就實在是生之大幸，也是死之大幸了！

解脫之道在於自然

人生終有了結時，死亡之關更見出人的生活態度。

蘇東坡病重之時，曾對朋友說：

莊子主張不要勉強用心去治理天下，而要順乎其然，無爲而治。我現在久病不起是天意，不是我的過失。

臨死前，老友維琳方丈來探望他，並一直陪伴著他。方丈不斷地和他談今生與來生，勸他念幾首偈語。蘇東坡笑了笑。

彌留之際，全家人都守候在蘇東坡身邊。方丈走得靠他很近，向他耳朵裡說：現在，要想來生！

蘇東坡輕聲說：西天也許有。空想前往，又有什麼用？

東坡的老朋友錢世雄這時也站在一旁，對他說：現在你最好還是要想著天堂、想著來世。

東坡最後的話是：勉強想就錯了。

解脫之道在於自然，在不知善而善。東坡是真正的徹悟人生者。

東坡晚年最爲推崇的陶潛，對生死大關就是看得很透的。眼見死神緩緩降臨，陶潛說：「家爲逆旅舍，我如當去客。去去欲何之，南山有舊宅。」人生如過客，自己的家好旅店，現在我要走了。到哪裡去呢？那南山的墳塋不就是我的老家嗎！

面對生與死的鐵門檻，古人是何其鎮定，何其超然曠達。

人終究有一死，誰又能長生不死，怎樣又才算死而不朽？

死而不朽

《國語》中記載著這樣一段歷史故事。

春秋時期，有一次，魯國的國君魯襄公派大夫叔孫穆子訪問晉國。晉國的正卿范宣子接見了他，並且頗有興致地與他攀談起來。

范宣子問叔孫穆子：我常常聽到許多人說「死而不朽」這句話，您知道它說的是什麼意思嗎？

叔孫穆子不知道對方葫蘆裡賣的是什麼藥，便含混地說：哦，這個我還沒仔細想過。

於是，范宣子便高談闊論起來：

這個問題我認眞琢磨過，我認爲是這樣的：在虞以前是陶唐氏執掌國政，在夏朝以後是御龍氏執政，在商朝是豕韋氏執政，在周朝是唐杜氏當政。周王室衰敗以後由晉國當盟主，執政的就是我們范氏。「死而不朽」以我之見，就是這個權位代代相傳，永不間斷。

叔孫穆子聽完這番議論，才知道范宣子的眞正用心，原來是要借題發揮，自我吹噓一通，於是就接過對方的話，譏諷地說：

恐怕不是這個意思吧？我的見解當然很淺，儘管如此，我卻以爲「死而不朽」這句話是指人死後他的話還活在人們心中，他的名聲並不死去。而你方才講的那一套全是些權位、世祿、食邑，這些東西與「不朽」毫無關係！我們魯國的先大夫臧文仲，雖然已經死去多年，可是他治國安邦的言論至今還被後世傳誦，這才是死而不朽的眞正含義！

顯然，叔孫穆子的見解更多地道出了人生不朽的眞諦。功名富貴如白雲飄忽，唯有精神和文章與世長存。宋代有多少皇帝，蘇東坡卻只有一個，今天還有幾個人能記住這些皇帝的名字呢？

據報載，西湖煙霞洞原來有一尊財神爺的石像，天長日久都風化了，則神的面目也看不清了。清代的時候，有人把這尊石像改刻成東坡像，結果呢？神態逸然，經久不蝕。有人為此寫了一副對聯：

真如錢可通神，山座巍然，何不與煙霞終古。
石也有時變像，東坡仙矣，莫非是香火前緣。

其實，東坡之不朽，又豈是「香火前緣」？

雜議篇

君道

君主之道好像挺神秘，其實也無非是管理國政的學問，統治人的權謀，或者可以說是征服人心的藝術。得人心者得天下，失人心者失天下。高明的君主以德服人，愚蠢的君主以力壓人。人心向背，決定社稷安危。君道核心大約在此。

開懷用善

君主之道，納諫用善十分重要。

做臣子的進諫並不難，當君主的應先明智。智慧可以審辨情僞，言語當能盡表忠誠。君主虛懷求諫，便可廣泛了解衆人之心；大家都敢發表意見，眞正的誠信才可能達到。君主聖明之道廣大且能堅持下去，言語一出即可爲準則。

事奉父母能盡孝的，就可以事奉君主。謀身都要求一個忠字，更何況是謀國呢？然而，忠言逆耳，進諫雖較容易，聽者要能接受卻有一定困難。進言的人雖很迫切，但聽者常有許多困惑。除非君主開懷用善，否則善言忠告就會像彈丸一樣稍縱即逝。如若因忠言而治罪於人，則凶吉不測，人不敢言。等到國家有了大的變故，人們便異論蜂起。

如果沒有賢明的君主，缺少寬鬆的環境，奸邪的小人就會得志，愚昧無知的人也就辨不清眞僞。即使那些賢德明智之人，因說了話也沒人聽，就乾脆緘默不言。倘若君主聖明，其道德像日月之光一樣普照，那麼好的東西（如善言）就不會被遮蔽了。

君主納諫，就像病人吃藥，目的是治病，管它苦不苦呢。沒有價値的言論也聽，聽了就算了；好的建議聽了就行動，這樣大功可成，各種禍患就自然會離開。君主聽到危言而不忌，臣屬就可推赤心而無損。明主寬以納言，不是要它順耳好聽，而是要對國家社稷有用。古代以國家社稷爲重，善於開懷用善的賢明君主也還不少。

從諫如流

蘇東坡和他弟弟中進士時，皇帝是宋仁宗。仁宗很欣賞蘇氏兄弟的才華，曾對皇后說：我爲我的子孫得了兩個宰相之才。有人說仁宗是北宋最好的皇帝，這恐伯主要不是指政績，而是指德行。在後人心目中，仁宗就是一個從諫如流、開懷用善的開明皇帝。

有一天，仁宗在宮內做道場的時候跑去看熱鬧，對左右吩咐說：「賜給每個僧人一匹紫羅。」和尚們喜出望外，連忙謝恩。這位皇帝卻顧不得是不是會丟分兒了，認認眞眞地布置說：「明天你們從東華門出宮，把紫羅都藏在懷裡，不能讓人看見。」那原因，他也如實道來——只是「恐台諫有文字論列」。

仁宗爲了從諫如流的好名聲還付出了許多代價。王德用進獻美女在他左右，他感到很親近，偏偏王素進諫，仁宗不得不忍痛割愛，但又說：「我雖爲帝王，但人情同耳。」所以他接受王素批評遣散宮女出宮，這應該說是很不容易的。後來有個專門給他梳頭的太監似乎不服氣，給仁宗梳頭時抱不平之感：「兩府兩制，家內各有歌舞，官職稍如意，往往增置不已。官家根底剩有一二人，則言陰盛須減去。只教渠輩取快活。」仁宗聽他這樣發牢騷，一聲不響把他裁減了。皇后問他，這個梳頭的是你平時心愛之人，怎麼卻第一個裁他？仁宗回答：「此人勸我拒諫，豈宜置左右？」仁宗從諫如流，因爲他頭腦清醒，是非分明。

作爲皇帝，仁宗位處九鼎之尊，百官萬民生殺大權握於手中，這樣的最高統治者能開懷納諫，近賢臣，遠小人，的確是不容易的。

常言道：「忠言逆耳利於行，良藥苦口利於病。」倘若我們今天大大小小的領導幹部都能以國家前途、百姓利益爲重，服「良藥」來聽忠言，讓溜須拍馬者、好進讒言者沒有市場，那將吏治清明，官民同樂。這道理說來簡單，但實行起來並不容易。

明主與庸主

對待勸諫的不同態度，往往可作爲明主與庸主的一個分水嶺。

曹操起兵之時，勢力很小。袁紹是大士族，起初就實力雄厚。但後來袁紹敗在曹操手下，這是時勢使然，還是有自身的原因？下面兩個事例中或許就隱含著謎底。

烏桓之戰，曹操打了勝仗。他說：「我之所以勝，其實有些僥倖。當初有人勸諫，說這仗不能打，打則必敗，他們考慮的非常周全，沒有漏洞。」曹操還下令獎賞先前進諫的人，並說：「我這樣，以後遇事不管是什麼意見，大家都敢暢所欲言了。」

官渡之戰，袁紹吃了敗仗。其實，袁紹的謀士田豐對這一仗的勝敗早有預見。當曹操率大軍進攻徐州的劉備時，田豐勸袁紹乘曹操的老窩許都（今河南許昌）兵力空虛時偷襲，但袁紹沒有同意。後來，劉備逃到了鄴城（今河北臨漳西南），袁紹才感到曹操是個強大的敵人，決心進攻許都。原來勸他攻打許都的田豐，這時候卻不贊成馬上進攻。他說：「現在許都已經不是空虛的了，怎麼還能去襲擊呢！曹操兵力雖少，但他善於用兵，變化多端，可不能小看他。我看還是作長期的打算。」

袁紹不聽田豐的話，田豐一再勸諫，袁紹反認爲他擾亂軍心，把他下了監獄。結果呢，曹袁交戰，袁軍大敗。袁紹和他的兒子袁譚，連盔甲也來不及穿戴，帶著剩下的八百多騎兵向北逃走。

官渡之戰敗北後，袁紹對人說：「大家聽說我打了敗仗，必定都很悲傷，恐怕只有田豐一個人高興，因為這結果正是他所預料的。」於是派人殺了田豐。

蘇東坡記下這兩件事後，不無感嘆地說：「為明主謀劃，言而不中，不僅沒有罪，反而還得賞賜，而為庸主謀劃，即便是言中了，不僅得不到獎賞，反而還因此而得禍。這正是曹操之所以興、袁紹之所以亡的原因。」（《曹袁興亡》）

事實上，天下的爭奪，事業的競爭，無不是人才的競爭、人心的競爭。虛懷若谷，大度容人，廣納天下英豪，自然能得人才，得人心，事業興旺。相反，妒賢嫉能。剛愎自用，難得容人，必然失人才，失人心，事業衰敗。這統馭之道、領導藝術，古今一理。

君臣相濟

明君與昏君並無萬丈鴻溝。明君兼聽，昏君偏信，更有甚者，誰的意見也不聽。

是明是昏，臣子便是鏡子。賢明之君，善於思過，樂賢好德，君臣之間不同的意見相互協調；昏庸之君當然就與此正相反了。

善於思過

人非完人，誰能無過？不僅普通人、臣民會有過失，聖人君子、皇帝也同樣犯錯誤。對待自己的過錯，不同的態度往往表現出不同的德行和境界。

《左傳》記載有這樣一個故事：

秦國留在鄭國的杞子派人送信給秦穆公說：「鄭國北門的防守掌握在我們手裡，要是秘密派兵來偷襲，一定會成功。」穆公去徵求經驗豐富的老臣蹇叔的意見。蹇叔說：「辛辛苦苦地調動軍隊去襲擊遠方的國家，我還從沒聽說過。我軍趕得精疲力盡，對方早就有了準備，怎麼能夠取勝；何況行軍路線這麼長，還能瞞住誰呢？」

穆公沒有聽蹇叔的意見，召孟明等出師於東門之外。蹇叔哭著說：「孟明，我只能見部隊出發，而不能見其歸來了。」穆公很生氣，派人對蹇叔說：「你怎麼知道我們就一定有去無回呢？你這個老家伙，要是早點死，墳墓上的樹都好粗了。」

蹇叔的兒子也參加了這次的軍隊。蹇叔哭著去送兒子，並說：「對方一定會在殽山伏兵狙擊秦師，我到時到那兒去給你收屍。」

秦師出兵的結果不出蹇叔所料，全軍覆沒，孟明等三人僥倖逃了回來。

穆公聽到失敗的消息，穿了素服，親自到城外去迎接孟明一行。孟明等人連忙跪在地上請罪。穆公說：「這是我的不是，沒有聽老臣的勸告，害得你們打了敗仗，這哪兒能怪你們呢？再說，我也不能因爲一個人犯了一點小過失，就抹煞他的大功啊。」

秦穆公不聽蹇叔的諍言，一意孤行，這是他的過失；但事後他善於自我反省，主動承擔責任，禮待、寬恕敗軍之將，這又是很難得的。

漢武帝也犯過與穆公類似的錯誤。韓安國與王恢在武帝面前爭論是否要對匈奴出兵的問題。安國的態度是堅決反對輕率出兵。武帝本人偏向王恢，主張出擊。後來便派王恢遠征，結果是大敗而歸。武帝殺了王恢。

蘇東坡在文中評論道：漢武帝有秦穆公違蹇叔之罪，而沒有秦穆公用孟明之德。（《漢武無秦穆之德》）武帝雄才大略，但也有不少毛病，古人對他多有微辭，這是不奇怪的。

有功勞就自己攬過來，到處吹噓；有了失誤就推給別人，把自己說的一乾二淨，甚至不惜讓部下當代罪羔羊。這樣的君主當然不是好君主，這樣的領袖自然也不是好領袖。然而，古代不乏這樣的君主，現在也不乏這樣的領袖。說到底，君王之道、領導方略最終還是一個怎樣做人的問題。昔日的君主，今天的幹部要反躬自省，善於思過，尋常百姓不也同樣需要嗎？事有大小，但理是一個。

樂賢好德

善於思過與樂賢好德，都是一個好君主應具備的品德。

唐太宗與魏徵，一個是賢君，一個是直臣；二人留下了不少對人富有啓迪的故事。

太宗李世民有一次得到了一隻特別俊異的鷂鳥，把它放在手臂上玩賞，偏偏被魏徵撞見了。李世民一見到這位以直諫著稱的臣下，就像一個頑皮的學生遇到了嚴厲的老師，趕緊把鷂鳥藏在懷裡。偏偏這位諫官還不給皇上台下階，在那裡嘮嘮叨叨地講生於憂患死於安樂的老一套，沒完沒了就是不走，一直使鷂鳥在皇帝老倌的懷裡窒息而死才罷。

衆人皆知，自古都是文武百官怕皇帝，生殺予奪繫於一身。其實也還有皇帝怕諫官的，唐太宗就很怕魏徵。這「怕」正是他的開明賢達之處。

蘇東坡在品評唐太宗與漢武帝的優劣時說：

古代賢明的君主，都知道直言敢諫的臣子難得，逆耳忠言不易聽到，因此對那些敢進忠言的直臣，活著的時候，儘量發揮他們的才幹和作用，死後君主還常常思念他們的忠言，想起他們的爲人，甚至在夢中還見到他們，這就算得上是樂賢好德的君主了。

漢武帝就其雄才大略來說，一點兒也不比唐太宗差。汲黯是武帝的一個忠臣，能直言不諱，勸諫君主，他的賢德，還超過了唐太宗的直臣虞世南。但是，虞世南死後，唐太宗還時常思念他。而汲黯活著的時候，漢武帝就已經厭煩他了。

唐太宗統治的時候，天下太平，社會安定到差不多不用刑罰的程度；而漢武帝當政之時，盜賊滿世界都是，這原因正在於君主是不是眞的樂賢而好德。

（《漢武帝唐太宗優劣》）

魏徵死後，唐太宗悲痛欲絕，喟然道：「以銅爲鏡，可以正衣冠；以古爲鏡，可以知興替；以人爲鏡，可以明得失。我曾經擁有這三鏡，用以防止自己的過失。現在魏徵去逝了，我的一面鏡子沒有了啊！」樂賢好德如此，國家豈有不興盛之理？

君臣相濟

聖明的君主治理天下，寬柔與嚴厲相互結合；而君主與臣子之間，要「可否相濟」。所謂「可否」，也就是不同的意見。君主不搞「一言堂」，而是虛懷若谷，廣納賢言，集思廣益。

而實際上，君與臣之間往往沒有民主可言，這一方面有君主的原因，容不得不同意見；另一方面也有臣子的問題，不敢堅持自己的主張。蘇東坡批評這種人；君主說行，不問是對還是錯，臣子也跟著說行；君主說不行，也不管它是曲是直，臣子又跟著說不行。孔子曾認爲這種行爲，是足以亡國的。（《辯試館職策問孔子》）

天下以一人之是爲是，以一人之非爲非，如果這一人（往往是君主）智慧超群，識見過人，或可避免一些失誤。但即使是聖人、超人，也會有個閃失，常說

「智者千慮，必有一失」。諸葛亮算得上是少見的智者了，他也還有錯用馬謖、痛失街亭的教訓呢！更何況，君主如果去掉那神聖的光環，其實都是極普通的人，辦事決斷豈能無誤？

君臣相濟，就會逐漸強盛。若君主一意孤行，就只有自飲苦酒了。前秦王朝的皇帝苻堅便是例證。

苻堅即位前，想找一個得力的助手。有人向他推薦王猛。二人一見如故。苻堅高興得不得了，認爲眞像劉備找到了諸葛亮一樣。苻堅非常信任王猛，讓他幫助鎭壓豪強，整理朝政。一次，太后的弟弟、光祿大夫強德，酗酒鬧事，強搶人家的財物和婦女。王猛逮捕了他，又派人報告苻堅。等到苻堅派人來宣布赦免強德，王猛早已把他處決了。苻堅知道後，仔細思量，覺得王猛做得對，便沒有責怪王猛。君臣相濟，國力越來越強大，過了十幾年，前秦就統一了黃河流域地區。

後來，王猛得了重病，臨終之前對苻堅說：「東晉繼承晉朝正統，現在朝廷內部相安無事。我死之後，陛下千萬不要去進攻晉國。」但王猛一死，苻堅就打算消滅東晉。他不顧大臣們的紛紛反對，向東晉大舉進攻。

結果呢?淝水之戰打下來，強大的前秦元氣喪盡，苻堅逃到洛陽，已國破家亡，最後，死於自己部下姚萇的手中。

歷史已成陳跡，但教訓依然如警鐘長鳴。

什麼時候天下只有一個人的是非，萬衆緘默，或衆口一辭，那便是凶兆。什麼時候，領袖開明，大家能暢所欲言，決策民主而科學，那便不會出大錯。

知人與容人

千秋功業，人是最根本的。打江山、保社稷、興建設，樣樣靠人。因此，論領導方略，知人與容人實在是非常重要的。不知人就不能用人，不容人就留不住人。沒有人，宏偉藍圖終究是一枕夢幻。

知人善任

蘇東坡說劉邦是「起於草莽之中，徒手奮呼，而得天下」（《漢高帝論》）。

若論勇氣、將略、驍勇善戰，劉邦自己承認比不上項羽，但他最後爲什麼能平定天下呢？

在一次大宴群臣的酒席上，劉邦拿這個問題來問衆人。有兩位大臣說：

「陛下對將士賞罰分明，禍福與共；項羽嫉賢妒能，有功不賞，得地不封，所以將士離心，終失天下。」

劉邦笑著回答：

「你們只知其一，不知其二。運籌帷幄之中，決勝千里之外，我不如張良；充實國家，安撫百姓，籌措糧餉，我又不及蕭何；統帥百萬大軍，戰無不勝，攻無不克，這是韓信的專才，我也甘拜下風。他們三人都是人中豪傑，我能重用、信任他們，讓他們充分施展自己的才幹，所以我取得了天下。項羽只有范增一個賢臣，並且不能充分信任他、重用他，所以他最後失敗了。」

劉邦說的是實話，這經驗之談是帝王的領導藝術。知人善任，善於指揮指揮者，善於領導領導者，這是一種更大的能力、更高超的智慧。

《史記》上記載有這樣一個小故事，說的是有一天劉邦和韓信聊起各將軍的能力。劉邦問：你看我本人能統領多少人馬？韓信說十萬。劉邦問：你呢？回答是多多益善，也就是越多越好。劉邦聽了大笑：你的統兵能力遠勝過我，爲什麼還爲我效勞呢？韓信說：陛下沒有統領士兵的能力，卻有指揮大將的能力，這正我為您效命的原因！

有人善於「將兵」，有人善於「將將」。「將兵」者將才，「將將」者帥才。帥才更需要知人善任。現實中，有些領導者整天忙忙碌碌，事無鉅細，都要過問，這種事必躬親的人，人又吃了虧，戲又不好看，工作沒做好，部下還一肚子意見。真正高明的領袖，是善於發揮部下的才能、長處，讓他們各司其位，各負其責，各盡其才。大家都有用武之地，盡心盡力工作，自己輕鬆自如，游刃有餘，而部下也高興，你不怕丟權，別人反倒服你，聽你指揮，這正是領導科學的辯證法。

能容人者

知人善任不僅要發現別人的長處而用之，還要對別人的短處能容忍。

能容人者便能得人心，不容人者就會失人心。對於一個君主，容人往往是壯大自己，收羅天下英才，消滅敵人的法寶。

春秋時楚莊王滅燭絕纓之事，便很有說服力。有一天，楚莊王大宴群臣，一直喝到日落西山，又點上蠟燭繼續喝。忽然，一陣大風吹進來，蠟燭都熄了。這時一個喝得半醉的將軍忽然拉住一位妃子的衣服。妃子驚慌之中折斷了這個人的帽纓，大喊：「大王，有人想趁黑侮辱我，我已折斷了他的帽纓，請點燭照看是誰的。」莊王馬上制止說：「且慢！我今天賞大家喝酒，使有的人喝醉了。酒後失禮不能責怪。我不能爲了顯示你的貞節而傷害我的大臣。」接著又說：「今日痛飲，不拔掉盔纓不算盡歡，大家都把盔纓拔掉！」然後才重新點燈，君臣喝得盡歡而散。這位酒後失禮的將軍自然感激不盡，對莊王更加忠心耿耿。後來在一次危急關頭，就是這位將軍拼死救出了楚莊王。

如果說楚莊王的容人僅僅表現在一名醉酒的將軍身上，那麼曹操的容人之心、待人之度則要更大，也更難得。

曹操在官渡之戰中以少擊衆，力挫袁紹以後，從繳獲的袁氏信件中，發現許昌守城乃至前線的人有一些私下寫信給袁紹，準備投降。浴血奮戰的戰士知道這件事後都非常氣憤，紛紛要求懲處判徒。曹操卻下令將這些信件全部燒毀，並說：「袁紹那麼強大，我恐怕自身都保不住。官渡一戰，是勝是敗，我自己都沒把握，何況大家呢？」這樣，私通袁紹的人轉爲感激，忠實於曹操。原來觀望的人也甘心效忠曹操。

人們常以成敗論英雄，勝者王侯敗者賊，儘管這並不總是正確無誤，但在大多數情況下，勝者確有一些英雄的氣度，敗者也常有不少盜賊的素質。

守成與進取

能容人者得天下，得了還要保持，要發展。

創業與守成，是君主之道、帝王之業的根本問題。

漢代的陸賈對皇帝說：陛下以馬上（武力）得天下，難道還能以馬上治理天下嗎?!

叔孫通也說過：儒士難以進取，可以與之守成。

東坡贊同他們的看法，他認爲：武夫謀臣，就好像藥物，可以用來治病，但不能用來養生；而儒士呢，就好比是五穀，可以養生，但不可用以治病。春秋時期的宋襄公用「五穀」來「治病」，就鬧出過笑話。

事情的原委是這樣的：公元前六三八年的夏天，宋國和楚國爭奪霸權，大戰於泓水。宋軍在泓水岸邊列陣，楚軍從對岸衝來，宋大司馬對宋襄公說：「敵衆我寡，趁現在敵人一半在河中，一半剛上岸的機會，殲滅他們吧！」宋襄公說：「不行。」等楚軍全部渡過了河，但還沒列好陣勢的時候，大司馬又請求進攻，襄公還是不允許。直到楚軍完全列好戰陣後，宋襄公才下令出擊。結果宋軍一敗塗地，襄公也帶傷而逃。

襄公回國後，大臣都責怪他。他卻振振有詞：「講道德的人，對已經受傷的人不能再加傷害，對頭髮花白的老人不能去捕捉，對處於險隘的敵人不能去進攻。」這眞是仁義之言呀！結果呢，由於傷勢很重，襄公不久就死去了，宋國的霸業也冰消瓦解了。

守成、治理天下，就又不同了，用「藥物」來「養生」，鬧不好就會「短命」。秦始皇是個典型。始皇以武力統一天下之後，焚詩書，殺儒士，修長城，使老百姓不得休養生息，結果傳到二世，江山便丟了。（《儒者可與守成論》）

馬上馬下，武攻文治，因時而異，因勢而變，這是多麼寶貴的歷史經驗啊！

戰爭年代，金戈鐵馬，爭奪江山自有一套經驗和方法。但今天從事建設，如果我們還照搬戰爭年代的老經驗、老辦法，不是也要鬧笑話嗎?·革命與建設，重心不同，規律也不同，就像「養生」與「治病」，要因時而異，順乎變化的情況和規律。

注意自養

人生有限，知識無邊，學習是每一個人的事。學習既能獲取知識，增長才幹，更能從中攝取智慧、體悟生活的樂趣。

知識多了，就算得上有學問了。

說起學問，人們覺得這似乎只是教授、學者們的事兒，與普通人、普通生活沒多大關係。而實際上呢，學問是無所不在的。種田就有種田的學問、做工有做工的學問，經商有經商的學問……就算是專家教授們的高深學問，一般人只能望洋興嘆，但究其根柢，也無非天人道理，尋常所見。

注意自養，以待其成

三百六十行，行行有學問。無論你做哪一行，都想做出點名堂。東坡先生說，你要想成功，就要注意自養，要會等待時機。

人們都說勤奮或者奮鬥才能成功，東坡卻偏偏講自養以等待成功，這是什麼意思呢？東坡用種田作例子來講了他的道理。他說：

你可曾見過富人種田嗎？富人田地多，而且肥美，因此糧食綽綽有餘。由於田又多又好，主人便可以輪流讓一些農田不種莊稼，暫時閒置，以恢復地力，這樣地力就可得到保全。正是由於糧食豐足，種地時才不誤農時，而收割又總是等到莊稼完全成熟的時候，所以富人的糧食品質往往很好，秕穀少，顆粒飽滿，長久存放也不腐壞。

現在，我一家十口人，總共才百把畝薄田，可說是每一寸地都指望收獲，哪還顧得上更休呢！日日夜夜盼望莊稼成熟，犁、耙、鋤、刀，一個跟著一個在土地上施用，就像魚鱗一樣稠密，地方都枯竭了，耕種常常誤了季節，收割又往往等不到成熟，這樣怎麼能收到好糧食呢？

治學之道與農桑之道其實很像。

古代的人，就其才能來說並未大大地超過現代的人，但他們平時注意自我修養，而不敢隨意濫用知識，透過自養來等待成熟。古人非常謹慎，就像盼望嬰兒成長一樣，弱者經過自養達到剛強，虛者經過自養達到充盈。三十歲後才外出做官，五十歲才敢享受爵祿，他們是經過了長時間的「屈」之後才「伸」的，等到知識完全充足之後才開始使用，等到水滿滿當當以後，餘水才流淌，等到拉滿弓後，才發射箭，這些正是古人大大超過今人的地方，也正是當今的君子遠不及古人的原因。（《稼說》）

東坡先生的見解確有道理。水滿了，流起來才能持久不斷；弓滿了，箭射出去才有力量；人呢，知識充足了再使用，才會更得心應手，也更有後勁。

地有地力，人有人力；養地得地力，自養蓄人力。磨刀不誤砍柴功。

這是治學的成功之道，也是各種事業的成功之道。

博觀約取

東坡先生勸勉友人從事學業，要「博觀而約取，厚積而薄發」。這意思是說，學習知識要廣泛地瀏覽，選擇精要的東西深入鑽研。吸收消化；深厚地積累，然後愼微地使用。（《稼說》）這裡我們先談談博觀約取。

就說讀書吧。只要初通文墨的人，總免不了讀書看報。上了專科、大學什麼的，有時還想做點學問。但成功的總是很少。人們總是相信這樣一個樸素的道理：勤奮就會有收獲。這有道理，但又不全是這麼回事兒。

一生忙忙碌碌，最終無所作爲的人並不少見；因讀書眼睛高度近視的，並無什麼眞功夫的人也有的是。

有的人，上知天文，下知地理，內懂心理，外懂兵法，武俠言情小說如數家珍，金氏世界紀錄背得滾瓜爛熟。這樣的人聊聊天還可以，至於說學問那就談不上了。

人吧，若要想在某個方面有點成就，那就還得在「博」的基礎上「約」，在「泛」的基礎上「專」。古今中外的文章典籍浩如煙海，有趣的、有用的、有益的東西多的是。作爲休閒、娛樂、休息，或者了解一些生活的常識，五花八門的書都得看一點。但要想在某一個領域鑽深一點，有點創造，那就得在這方面花功夫，選擇精華的東西學習、吸取，然後還要在實踐中多思考、多探索。

學海無涯，人生有限，要想在學業上有所作爲，就得博而能約，有取也有捨。懂得什麼該取、什麼該捨，怎樣取、怎樣捨，這也是獲得成功的一個法門。博而不精的「萬金油」，最終可能一無所成：取而不捨的「聚寶盆」，結果也可能是沒有一點眞金。

厚積薄發

博觀約取講的是學習、吸取的事，厚積薄發則說的是創造、發揮的事。一般說來，前者是積累，後者是使用。

東坡先生主張，有了深厚的積累，然後再加以靈活運用、創造發揮。我覺得，這個「厚積」，可以是積累書本知識，也可以是人生的經驗、智慧，前者是死的，後者是活的，這兩方面都不可缺少。「薄發」呢，這個「發」，可以是學問家的著書立說，也可以是文藝家的藝術創造，還可以是其他人的發明創新，等等。

厚積而後薄發，才能有點眞貨，也才能後勁十足。

就說魯迅研究吧！魯迅先生去世已有五、六十年了。他活著的時候就有人研究他，現在專門吃「魯迅飯」（也就是專業研究人員）據說也有三、四百人。如果今天再想在魯迅研究上有所突破，有所貢獻，還眞得有點厚實的積累。除了鑽研他那十六大本的全集，還要做到孟子說的「知人論世」，也就是說要完整、全面、深刻地了解魯迅這個人，包括他的思想、精神、個性、家庭、婚戀、交往等等，還要了解他所處的時代環境。除了這些，還要摸清這幾十年人們對魯迅研究的情況，不然的話就可能重複別人的工作。在這樣的基礎上，再來探討問題，才可能有點收獲。

在現實中，人們往往容易急功近利，想著早點成名成家。這樣一來，還沒讀幾本書，就開始寫書。因爲基礎不穩固，蓋起來的房子也就容易倒塌，寫出的書也就難以經受時間的考驗。孔子講「欲速則不達」，其中也包含了這個道理。

文學創作也與做學問情況相似。人在青少年時代，大都很喜歡文學，她神秘、浪漫，又有點神聖。想做詩人、作家的青年朋友也不少。

不知人們注意到這個現象沒有，有些人的處女作就是成名作，同時又是創作的頂峰，以後再也沒有多大的發展了。形成這種「江郎才盡」的原因可能很多，但我認爲有一點是共同的，那就是積累還太薄了點，而且以後又不補充。稍有名氣，應酬不斷，交往增多，約稿紛紛而來，這樣只好不停地寫呀、寫呀。生活的積累就那麼一點，智慧的倉庫庫存本來不多，只寫不讀（這個讀，有讀書本，也有讀人生這本大書），只出不進，坐吃山空，後來終於每況愈下。

我們注意到一個相反的情況，有些身世坎坷、中年成名的作家，往往如大河決口，一發而不可收。這中間一個重要的因素，就是他們人生的路走得長一些，生活的酸甜苦辣嚐得多一些。底子肥厚，苗兒才會茁壯成長。實際上，寫作不是一種小技巧，而是人生的大智慧。這大智慧，是在生活的磨難中獲取的。

東坡先生講厚積薄發，我覺得還有一個不以數量論英雄的問題。著作等身並不等於滿腹經綸，有人一輩子著書而不立說，書中沒有自己的獨到發現、沒有自己的智慧閃光。有的人說的少，寫的更少，但每一句話都能說出點道理，每一行字都能發表點見識。老子這個人，一輩子只留下一本書，就是《老子》，就篇幅看，其實只有五千字，還不及一篇長文。但這的確是厚積薄發的精品，其中的經驗、思想、智慧，可說是博大而精深。時隔幾千年，不僅中國人今天還在從中受益，就連藍眼睛黃頭髮的外國佬，對它也佩服得不得了。

讀書的方法

凡事都講求方法。方法對不對頭，結果可能大不一樣。

讀書自然也有好方法的問題。讀書的方法各種各樣、五花八門，哪種方法最好，哪種方法不好，恐怕很難作這種分別。一般來說吧，方法總是因人而異、因時而異，也因書而異的。

東坡先生知識很淵博，也很有學問。他讀書有一套自己的方法，這個方法對我們有些啓發作用。

在海南島時，東坡弟弟蘇轍的女婿寫信向東坡討教讀書的方法，東坡談了自己的切身體會，他說：

人讀書就像跳進了大海一樣，裡面什麼東西都有。而人的精力呢，又總是有限的，這樣就不可能兼收盡取，只好取自己想要的東西。即使是一本書，有的內容也是相當豐富的。

讀一本書，我們可以嘗試這樣進行：每讀一遍，只從一個中心意思去探求掌握它。如想了解古今興亡治亂的情況，聖賢的歷史作用，那麼就一門心思從這個角度去讀一本書，別的東西一概不管。再讀一遍，著眼點在歷史事實、典章人物之類的東西，其它內容便視而不見。就這樣，每讀一遍，關注一個方面。這個辦法可能有點笨拙，但往往能有較大的收穫，日後對這本書各方面的問題和需要，都能應付。（《又答王庠書》）

這種讀書方法，東坡稱為「八面受敵」。

東坡先生的「八面受敵」讀書法，若實際試一試可能會大有收穫。比如讀《紅樓夢》，讀它三、五遍，一遍只看故事情節，一遍專門欣賞中間的詩詞盈聯，一遍仔細注意其中的風俗、習慣、禮儀，一遍特別致力於飲食文化。如此反複，多讀幾遍，那你對《紅樓夢》的了解就不是一般泛泛看過的人所能相比的了。

這種讀書法，有點像兵家講的集中優勢兵力各個擊破。它是讀書的方法和道理，但對我們的啓迪恐怕不只限於讀書了。

空想不如學習

人一生不管做什麼事，都得實實在在。而在生活中常常有這種情況：有些人胸懷大志，但又有點好高騖遠，總愛想入非非，不願老老實實學習、踏踏實實行動。這樣長此以往，便會成爲一個空想家，最後什麼事也做不了。

東坡先生對只知空想、而不願實做的人很不以爲然。他針對當時讀書人的毛病講過這樣一段話：

天文、地理、音樂、律曆、官廟、服器、冠昏、喪祭等方面的知識，禮法的原則，刑律的內容，還有歷代王朝興廢的原因，這些都是讀書人應該盡力學習的。但現在有的人卻說：這些東西值不值得學習，我們要學的是那些不能記載在書本上的東西。

孔子的高足弟子子夏說過：「每天知道所未知的，每月複習所已能的，可以說是好學了。」（《論語·子張》）古代的讀書人，他們不懂什麼，又已經掌握了些什麼，都心裡有數。不斷地學習新知、複習舊知，日日月月都有長進。如今有些人，自己有哪些東西還不懂，已經有些什麼知識，恐怕連自己也說不上來。

孔老夫子這樣給學生談自己的體會：「我曾經整天不吃飯，整夜不睡覺，在那兒想啊想啊，結果呢，沒有什麼收益，這樣還不如學習呢！」這就是那句「思無益不如學」的出處。（《鹽官大悲閣記》）

人，不是不能遐想、展望，但想了還是要付諸行動。如果只遐想，而不學習、不實踐，那就真成「瞎想」了。孔子講過「思無益不如學」，他還講過另一句很有啓發的話：「坐著想不如起來行」。這意思都差不多。

中國老話中大家都知道這麼句話：千里之行，始於足下。千里之外的遙遠地方，有非常迷人的景致，有富有魅力的目標，如果我們只在那兒空想，而不一步一步地去走，那也只能想想而已。

俗話說：笨鳥先飛。這裡我們且不說先飛後飛的事。笨鳥只要它肯飛、去飛，照樣可以飛得很高、很遠；聰明的鳥兒如果只打瞌睡，或瞑思苦想，終究只能老是棲息在小窩裡。

能做到的，能夢想的，就著手去做。一步一個腳印的行動裡，有天才、力量和魔法！

失敗與成功

懈怠爲失敗埋下種子；熱愛與專注，卻爲成功鋪設了堅實的道路。

無論事業、生活，還是愛情，誰不企求成功呢？那麼你切不可懈怠疏忽。專心致志，全心投入，成功之路便在腳下。

失敗源於懈怠疏忽

蘇東坡有一篇《黠鼠賦》，是篇寓言小賦。黠，就是狡猾；黠鼠，就是狡滑的老鼠。東坡先生用生動幽默、一波三折的筆觸，給我們描述了一隻黠鼠騙人的有趣故事。故事是這樣的：

有一天晚上，東坡已經睡了，忽然聽到有老鼠啃東西的聲音。他用手拍幾下，響聲沒有了，過了一會兒響聲又出現了。東坡便讓書僮點蠟燭看看，原來是一隻空石桶，鼠咬東西的聲音就在這桶中。書僮說：「嘻！這隻老鼠被蓋在裡頭不能出去了。」打開桶蓋一看，裡面好像沒什麼東西。把蠟燭拿近仔細搜索，原來裡面有隻死老鼠。書僮很驚奇，說：「剛才還聽到它咬東西，怎麼忽然就死了呢？那剛才是什麼聲音，眞鬧鬼了不成？」書僮便把桶翻過來倒出老鼠，誰知這個「死老鼠」一落地就活了，趕緊逃走了。即使再敏捷的人，也措手不及。

東坡感嘆道：「這眞是一隻少見的狡猾老鼠啊！它被關在桶中，因這桶壁桶底都很堅硬，無法打洞，這老鼠並沒有啃什麼卻假裝弄出啃東西的聲音，目的是把人招引來。它沒有死而裝死，原來是個詭計，以裝死的外表求得逃脫。」

東坡進而議論說：

我聽說生物中沒有比人更有智慧的了。人類馴化、擒捉蛟龍，用龜殼占卜，獵獲麒麟，役使萬物而主宰它們，然而突然被一隻小小的老鼠利用了；聰明的人卻中了老鼠的計謀，那老鼠由極靜到極動的迅速變化，讓人大吃一驚。人的智慧在哪裡呢？

東坡靠在床上閉著眼睛打盹兒，心裡老想著這件事。人啊，只不過多學而記住了一點知識，但離「道」還遠著吶。不能皈依自然，同萬物於一己之心，所以一隻老鼠發出咬聲，就能招引你受它支配，幫助它改變困境。人能在打破價值千金的璧玉時不動聲色，而在打破一口鍋時免不了失聲驚叫；人能搏取猛虎，可是見到蜂蠍時不免變色：這都是不專一的緣故呀！

被鼠利用，是因爲人們麻痺大意、精力分散所致，東坡先生由小及大、由近及遠，說出了一個人生更普遍的道理；成功來自專心認眞，失敗源於懈怠疏忽。

專心致志

說起來專心致志，人們很容易想起孩子們很喜歡的那個故事——小貓釣魚。調皮貪玩的小貓釣魚時三心二意，一會兒追蝴蝶，一會兒捉蜻蜓，結果一無所獲。

像小貓這樣的釣魚者，成年人中也有。

從前，有一個名叫秋的下棋名手，他的棋藝非常高超。秋有兩個學生，一起跟他學下棋。其中一個學生，非常專心，集中精力跟老師學習。另一個卻不這樣，他認爲學下棋很容易，用不著那樣認眞。老師講解的時候，他雖然也坐在那裡眼睛好像也在看著棋子，可是心裡卻想著：「現在天空中大概正在飛著鴻雁，我拉滿弓搭上箭把它射下來，美餐一頓多好啊……」因爲他這樣胡思亂想，老師的講解一點也沒聽進去。

結果，雖然這兩個學生在一起學習，又是同一個名師傳授，然而，一個成了棋藝高強的名手，另一個卻沒學到什麼本事。

這故事的道理很明白，但在生活中要眞正做到專心致志卻不容易。比如說吧，有人看到經商賺錢，便想做生意；看到詩人有名有利又浪漫，便去寫詩；看到演員出頭露臉，好瀟灑好風光，又想去演戲。朝秦暮楚，三心二意，最後白白耽誤大好時光，什麼事也沒做成。

有位專治中國古代文獻的學者談及成功之道時說：人生有所取必有所捨。他年輕時喜歡作詩，還有點天賦；國學底子不錯，做學問很有前途。後來他決定做學問，便完全放棄了寫詩。幾十年如一日，潛心學問，成了一流的國學大師。

試想：如果這位先生一輩子腳踏兩隻船，邊寫詩邊做學問，很可能他就是一個三流的詩人加三流的學者。這樣，學者中沒他不遺憾，詩人中沒他也不可惜。

與其當一個三流的學者兼詩人，還不如做一個單純的一流學者。

忘我的境界

專心致志的最高境界就是「忘我」。當全身心都投入了對象的研探和創造之中，哪還有周圍世界的存在？哪還能念及自我？

懷楚和尚給蘇東坡看兩大本厚厚的佛經，這是九百年前的若逵和尚一筆一劃抄寫的。東坡一看，這浩大經典中的一個個字「如海上沙」，「如空中雨」，雖說字畫「無量」，卻筆筆「匀平」、字字「蕭散」。厚厚的經卷，竟能字字「平等若一，無有高下、輕重、大小」之差。東坡被這書法奇蹟震撼了。

若逵和尚何以能創造這樣的奇蹟？東坡的回答只四個字——「以忘我故」。（《書若逵所書經後》）「忘我」，就是「一念」就是神志的最高度集中。

科學史上還有一件「忘我」的趣事呢。阿基米德在澡堂洗浴，腦中還思索著物理課題，終於從水溢澡盆的現象之中，悟出了偉大的「浮力定律」。當他狂喜地奔到街上，大聲喊叫著「我發現了」時，全身上下竟一絲不掛——這正是對「忘我」境界的絕妙寫照。

當然，這種忘我境界不會從天而降，也不是神靈憑附的產物。它來自天上的信仰和熱忱，來自經久不捨的苦思和苦練。若逵抄經是這樣，阿基米德發現科學定律是這樣，東坡的表兄文與可畫竹子也是這樣。

東坡在《書晁補之所藏文與可畫竹》詩中說：「與可畫竹時，見竹不見人，豈獨不見人，嗒然遺其身。其身與竹化，無窮出清新。莊周世無有，誰知此凝神。」

文與可是大畫家，竹子畫得精妙無雙，東坡說他畫竹的時候，「凝思之極」，以至於看不見別人（「不見人」），甚至連自己的存在都忘了（「遺其身」）。他心胸之中唯有竹子，別的什麼都忘記了，彷彿自己就是竹子。到了這種忘我的境界，哪有畫不好竹子的呢？

專注與苦練

梅花香自苦寒來，寶劍鋒從磨礪出。

「忘我」境界的實現，來自鍥而不捨的努力。文與可所以能把墨竹畫得那麼好，能夠做到「身與竹化」，是和他熱愛竹子，長期觀察和研究竹子的特點分不開的。他在做洋州太守時，曾在篔簹谷竹林中修築了一個亭子，作爲他「朝夕遊處之地」，文與可與竹爲友，並曾和他妻子一起遨遊谷中，燒竹筍以當晚餐。

唐代以畫馬出名的畫家韓幹，傳說他畫的馬由於生動逼眞，甚至能夠成神。稗史上記載，韓幹畫馬時，有人到他畫室裡去，只見他趴在地上，正在學馬的樣子。這正說明了他因爲太專心了，不僅忘掉了周圍一切，而且「忘身」，忘掉了自己的存在，似乎自己就是所要畫的馬了。

莊子曾經講了一個駝背老人黏蟬的故事，說的也是如何達到忘我境界的道理。莊子說：

有一次，孔子到楚國，經過一片樹林，見一個駝背老人在黏蟬，好像在地上撿一樣容易。

孔子說：「您的手眞是巧啊！有黏蟬之道嗎？」

駝背老人回答說：「有啊。我練習五六個月，在竿上做兩個泥球不掉下來，那麼就很少失手；做三個泥球不掉，那麼失手的不過十分之一；做五個不掉，就會像捨取一樣。我站在那裡，像木樁一樣；我拿竿的胳膊，如同枯樹的樹枝。雖然天地是這樣廣大，萬物是這樣繁多，我只盯著那蟬的翅膀。我紋絲不動，不因任何事物分散我對蟬的注意，怎麼會黏不到呢？」

孔子回頭對弟子說：「有了志向而不分心，精神就會集中，說的就是這駝背的老人啊！」

如果我們在日常生活中、在各自的工作中，不是像這駝背老人一樣 凝神專注，而是事事考慮個人的利害，讓無窮的得失之情翻騰胸間，神志既不能專注，又怎麼能企求達到「忘我」的境界呢?!

對事業的熱愛與專注，是成功的不二法門。熱愛之至，專注之極，便是「忘我」。唯有「忘我」，才有藝術、學問、事業、人生的最高境界。

文章之道

文章是人寫的。文如其人是常見的事。因此，在大多數情況下，為文之道也就是為人之道，文章的境界也就是人生的境界。

東坡談文說藝，那是談文章，談文學，談藝術，也是談做人，談處世，談人生。

人生本是一篇豐富的大文章。

以自然為美

文章怎麼樣才算好，這幾乎是個老掉牙的問題。有人認為詞采華麗就好，有人認為有見解才是好文章，也有人認為能把前人、名人的作品模仿得以假亂真那是上乘之作，更有人把別人讀不懂作為好文章的標準。

說法不一，但有一點是共同的，即對文章的認識，側面反映一個人對人生的認識。

蘇東坡說，什麼文章最好？自然的文章最好。有感而發，言出於心，自自然然，這樣就是美妙的文章。他有一篇《自評文》，現身說法談自己的寫作經驗，說道：

吾文如萬斛泉湧，不擇地皆可出，在平地滔滔汩汩，雖一日千里無難；乃其與山石曲折，隨物賦形而不可知也。所可知者，常行於所當行，常止於不可不止，如是而已矣。其它雖吾亦不能知也。

東坡是一代文豪，他並沒有把寫文章的道理說得神乎其神，反而是很簡單明白的。這段話他主要說了三個問題。第一，他的文章是豐富的思想感情的體現。那豐富的思想感情，像是萬斛泉源一樣，一經從地下迸湧出來，就不擇什麼地段地勢，隨處奔流。在平地之上，可以滔滔汩汩，一日千里。第二，思想感情的變化，又隨著客觀事物的不同而變化。在平地，泉水奔流，一無阻攔；一旦遇到了山石，就曲曲折折，按照不同的客觀事物的形體而呈現不同的形態，這種變化，連自己也是並不自覺的。第三，他豐富的思想感情，根據客觀事物的規律，「常行於所當行，常止於不可不止」，就是說，當自己的思想感情，根據客觀事物的規律，洶湧澎湃迅猛推進的時候，就讓它自然地發展下來，而一旦不得不收斂停止的時候，就要斷然地停止。這可以說是東坡最深刻的體驗。

寫作不外乎兩個方面，一個是思想內容，一個是表現技巧。從前一點看，文章應該是像泉水從胸間流出的，而不是擠牙膏那樣硬擠出的。如果無病呻吟，故作風雅，勉強寫作，那文章只能是矯揉造作的假東西，自然說不上美了。從後一點看，這技巧也應符合客觀規律，這個規律就是前面東坡說的主觀與客觀的有機結合。技巧，古人也叫「法」，要有「法」，但又不泥於這個「法」。

無法之法

寫文章或創作，當然都有個法則問題。古人認為，天下萬事都有一定之法，創作之道也是文有文法，詩有詩法，字有字法。

法有「活法」，也有「死法」。法，具體說有篇法、章法、句法、字法，如：開頭結尾、抑揚起伏等等。如果拘泥於這些條條框框之中，不敢越雷池半步，這就是「死法」，是古人所反對的。什麼是「活法」呢？活法就是規矩具備，而能出於規矩之外，變化莫測，而又不違背規矩；也就是說，既要守法又要不拘泥於法。這就是所謂「有定法而無定法，無定法而有定法」。

蘇東坡認為，作文作詩當然要講法則，但最好的法是「無法之法」，沒有法的法，才是最的法，創作應該「出新意於法度之中」。

這「無法之法」似乎有點兒費解，有法就是有法，沒有法就是沒有法，怎麼會有「沒有法的法」呢？東坡對一個友人作品的評價，有助於我們對這個問題的理解。他說：「大略如行雲流水，初無定質，但常行於所當行，常止於不可不止，文理自然，姿態橫生。」

我們再舉更切近的例子來說吧。比如電影，有的影片人物、故事、情節，都安排得井然有序，故事的發生、發展、高潮、結局也層層推進；這裡人物安排，形象塑造、結構布置當然都是有「法」的，但因為「法」的痕跡太明顯，我們總覺得它不夠眞實，不夠自然，人工雕琢的味道太濃。另有一種影片，看上去非常普通、自然、眞切，那些人好像是我們親眼見過的，事倩好像就發生在我們身邊，影片好像沒用什麼技巧，沒有什麼方法。其實，這才是更高明的技法，用了技巧但沒有技巧的痕跡，有如鹽溶於水，有鹹味卻不見鹽的外形，這就是「無法之法」。

再說寫文章，中學生作文，起承轉合，講詞藻修飾，結構布置，看上去技法太露，從語言、結構到內容，總覺得有股學生腔。而有些老作家，隨手拈來，信筆寫去，不加雕飾，不特意安排，看似隨隨便便，偏偏著手成春，無論篇幅大小、題材廣狹，寫出來就是妙文。這就達到了「無法之法」的境界。明代的徐渭說東坡的文章「極有布置而了無布置之痕跡」說的正是這種境界。這種「無法之法」才是我們最後所期望的。

循規蹈矩與越出規矩

說到寫文作詩的法則，我們想到這樣一個問題：是循規蹈矩好呢，還是越出規矩好？古人說最好是在規矩的圈圈裡面隨心所欲，無拘無束。

這實在不是容易的事。明代的徐渭關於法度的看法倒是別有新意，讀來也極有趣。他談的問題，是詩的循規蹈矩與越出規矩，也就是以人爲主還是以我爲主的區別。他用女子初嫁與年老後的不同情態作比方。這個比方極漂亮。

女子剛嫁人的時候，行爲很謹慎，裝扮也十分細心，不敢有一點放肆，一點輕忽，那是按他人公認的標準學做好女人，極爲不自由。剛學寫詩的人，也必然經過這樣一個看別人眼色的階段。

等到媳婦熬成了婆婆，養育子女成人，已是儼然一個「老祖宗」，再不必取媚於人，令由己出，行動隨便，這樣就進入了自由的境地。這個時候，如果要老太太塗脂抹粉，扭腰擺屁股，是極不像話的。詩人到了成熟的時候，不再注重表面的好看，也不屑於旁人的批評，只顧自己任意抒發，這情形不是很有點像熬成婆婆的老太太嗎！（《徐渭集·書玄草堂稿後》）

文章之道有時確實是這麼回事兒。看似超出了規矩，實際上技巧之類，早已成爲內在的、自然的、無須刻意追求的東西。得之於心，即可應之於手。作文章，當然不能像拘謹的小媳婦，而應任情揮灑，舒展自如，但並不傷規矩。

平淡與絢爛

眞正美的藝術 應當是自然而然，天生而就，沒有人爲痕跡。「淸水芙蓉」式的自然美是古人孜孜以求的。這種具有自然美的作品，在風格上就是平淡。

蘇東坡在給姪兒的信中談及平淡，他說：

凡文字，少小時須令氣象崢嶸，色彩絢爛，漸老漸熟，乃造平淡。其實不是平淡，絢爛之極也。汝只見爺伯而今平淡，一向只學此樣；何不取舊日應舉時文字看，高下抑揚，如龍蛇捉不住，當且學此。

東坡這裡強調「平淡」的風格是從「氣象崢嶸，色彩絢爛」中化來，越到老來越成熟，文章風格最後趨近平淡。這「平淡」，並不捨棄「絢爛」，它是絢爛到極點的表現。這個看法是很辯證的，耐人尋味。「平淡」也絕不是平平淡淡，而是平淡自然。

寫詩作文的這個道理，與寫字的道理也差不多。剛上學的小學生學寫字，老師必須要求他一筆一劃，工工整整地寫，先練好正體，規規矩矩，一絲不苟。到成年了，字越寫越成熟，越寫越老到，行書、草書，隨手寫來，如行雲流水，自然平淡流暢，這當然是一種較高的水準了。但我們要知道，這「平淡」的風格，正是因爲有小時候「工整」的功夫才達到的。如果老師或家長要初學握筆的小孩，把字寫得平淡流利，龍飛鳳舞，都是枉費心機。

提起學生的作文，人們總覺有些「學生腔」。這「學生腔」，有內容上的膚淺，有過分追求結構的精美，辭藻的華麗等等。其實，這也是寫作必須經過一個階段。如果一開始就追求一種清水芙蓉式的藝術境界，那是達不到的。

我們以爲，寫文章不是單純的文字技巧展現。文章境界也就是人生境界。東坡少年應舉時，文章氣勢高下抑揚，如龍蛇捉不住，這是他當時的人生境界；晚年歷盡滄桑，徹悟人生，文章也由絢爛歸於平淡。我們如果要一個少不更事的小娃子，把文章寫得老成持重、深沈雋永，那怎麼可能呢！

言爲心聲，文如其人。學習寫作的過程，也就是學習做人的過程。要想有文章的高境界，先須有人生的高境界。但，路要一步步走去，台階要一節節去上。

蘇東坡的人生哲學—曠達人生　中國人生叢書 1

著　　者／范軍
出　　版／揚智文化事業股份有限公司
發 行 人／葉忠賢
責任編輯／賴筱彌
執行編輯／陶明潔
文字編輯／范維君 黃美雯
地　　址／台北市新生南路三段 88 號 5 樓之 6
電　　話／(02)2366-0309　2366-0313
傳　　眞／(02)2366-0310
登 記 證／局版北市業字第 1117 號
印　　刷／偉勵彩色印刷股份有限公司
法律顧問／北辰著作權事務所　蕭雄淋律師
初版五刷／2001 年 12 月
定　　價／新臺幣：250 元
郵政劃撥／14534976

本書如有缺頁、破損、裝訂錯誤，請寄回更換
ISBN／957-9091-63-3
E-mail✉：tn605541@ms6.tisnet.net.tw
網　　址：http://www.ycrc.com.tw

國立中央圖書館出版品預行編目資料

蘇東坡的人生哲學：曠達人生／范軍著. ——初版. ——臺北市：揚智文化，1994〔民83〕
面；公分. ——（中國人生叢書；1）
ISBN 957-9091-63-3（平裝）

1.（宋）蘇東坡－傳記 2.人生哲學

782.8516 83004338